Johannes Pausch / Gert Böhm

Was der Seele gut tut

HERDER spektrum

Band 5237

Das Buch

Richtiges Leben geht nur, wenn man bestimmte Gesetze kennt und befolgt, wenn unserem Verhalten bestimmte Haltungen zugrunde liegen, wenn wir unser Leben gestalten. Diese Regeln und Gesetzmäßigkeiten vergessen wir im Alltag oft genug. Das gilt für alle, ganz besonders aber für Menschen, die unter dem Druck und in der Hektik vielfacher Anforderungen leben. Ihnen zeigt dieses Buch ganz konkret und auf eine den Alltag inspirierende Weise Gesetzmäßigkeiten und Lebensregeln auf, die – wenn sie eingehalten werden – auch als Gesundheitsvorsorge verstanden werden können und zu einer ganzheitlichen Lebensführung verhelfen, in der leib-seelische Einheit konkret wird.
In der Gestaltung der Zeiten – des Tages, der Woche, des Jahreskreises – und in der Einübung und im bewusst gestaltenden Vollzug von Haltungen und Resonanzen zeigen die Autoren, wie körperliche, seelische und spirituelle Ebene des Lebens sich durchdringen und wie wir auf diese Weise authentisch leben können. Ein Inspirationsbuch aus der bewährten Praxis eines erfahrenen Begleiters und Kenners der menschlichen Seele.

Die Autoren

Johannes Pausch, OSB, Mag. Dr. theol., geb. 1949, Studium der Philosophie, Theologie, Sozialpädagogik/Heilpädagogik. 1993 Mitbegründer des Europaklosters Gut Aich in St. Gilgen am Wolfgangsee. Arbeitet als Psychotherapeut mit dem Schwerpunkt Psychosomatik in eigener Praxis. Ausbildungskurse für geistliche BegleiterInnen und MeditationslehrerInnen. Psychotherapeutischer Leiter des Hildegardzentrums im Kloster Gut Aich, Leiter der Likörkellerei des Klosters. Autor mehrerer spiritueller Werke.

Gert Böhm war Profisportler und Manager. Er arbeitet heute als Berater und freiberuflicher Publizist. Er ist mit Johannes Pausch seit Jahren befreundet.

Johannes Pausch
Gert Böhm

Was der Seele gut tut

Im richtigen Rhythmus leben

HERDER

FREIBURG · BASEL · WIEN

Gedruckt auf umweltfreundlichem,
chlorfrei gebleichtem Papier

Originalausgabe

2. Auflage

www.herder.de
Satz: Dtp-Satzservice Peter Huber, Freiburg
Herstellung: fgb · freiburger graphische betriebe 2002
www.fgb.de
Umschlaggestaltung und Konzeption:
R·M·E München / Roland Eschlbeck, Liana Tuchel
Umschlagfoto: © Premium
ISBN 3-451-05237-7

Inhalt

Statt eines Vorworts: zwei Briefe

Lieber Gert,
wir leben nicht allein, wir denken nicht allein und wir schreiben nicht allein. Wenn ich dir jetzt die letzten korrigierten Seiten unseres gemeinsamen Buches übergebe, dann wird mir das Geschenk des Miteinander-Lebens bewusst, und ich bin vor allem dir, aber auch vielen anderen Menschen, mit denen ich lebe, sehr dankbar.

Wir haben miteinander ein Buch geschrieben, das der Seele gut tun soll.

Es ist entstanden aus vielen Begegnungen, gemeinsamen Gesprächen und Vorträgen. In dieser Zeit ist eine tiefe Freundschaft gewachsen, ist Vertrauen lebendig geworden, weil wir miteinander die Erfahrung gemacht haben, dass uns viele Gedanken, Anliegen, Themen verbinden.

Obwohl wir beide ganz unterschiedliche Lebensgeschichten haben – du als ehemaliger Profi-Fußballer, Unternehmensberater und Zeitungsmanager, ich als Benediktinermönch, Priester, Psychotherapeut und Kellermeister –, haben wir das Leben und die Rhythmen der Seele miteinander entdeckt.

Ich bin dir dankbar für das Geschenk der lebendigen Aufmerksamkeit, mit der du mir begegnet bist. Viele Gedanken haben wir erwogen, verworfen, modifiziert, vertieft und dann in eine Form gebracht. Es war ein innerer Prozess für mich und wohl auch für dich.

Du hast sicher den größeren Teil der technischen Ausarbeitung auf dich genommen. Ohne dein klares Strukturieren des Schreibprozesses wäre das vorliegende Buch nicht in so kurzer Zeit fertig geworden. Viele Fahrten in unser Kloster hast du auf dich genommen, hast mit uns gelebt, und in mühevoller Arbeit hast du unsere vielen Gespräche „eingedampft", wie du immer sagtest. Wir haben miteinander einen Rhythmus gelebt, der unserer Seele gut getan hat.

Das, was in diesem Buch steht, haben wir nicht nur niedergeschrieben, sondern wir haben es auch lebendig erfahren. Wir haben miteinander gebetet und gearbeitet – und zuletzt auch noch die Taufe deiner beiden Enkelinnen in unserem Kloster gefeiert. Für mich war dieser Weg des gemeinsamen Schreibens eine Form der „Gottsuche" in allen Lebenserfahrungen. Du hast mich gut dabei begleitet. Es ist eine wunderbare Erfahrung, mit einem anderen Menschen etwas für das Leben zu tun.

Mein Dank gilt natürlich auch den Menschen, die uns auf diesem Weg begleitet haben, meinen Mitbrüdern Thomas, Emmanuel und Lukas, meiner Sekretärin Traudl Neuhardt und den vielen anderen, die durch Mithören und Mitdenken in Kursen und Vorträgen unsere Gedanken ergänzt, hinterfragt und bereichert haben.

All mein Tun und Denken vertraue ich Gott an – und ebenso die Menschen, die mit mir den Weg der Gottsuche gehen, wer immer sie auch sein mögen.

Dir sage ich ein herzliches „Vergelt's Gott".

Dein Johannes

Kloster Gut Aich/St. Gilgen
Im September 2001

Lieber Johannes,
du hast in deinem Brief Erfahrungen angesprochen, die wir beim gemeinsamen Schreiben des Buches gemacht haben. Wir haben bei Null begonnen – und dann hat sich das Thema in unserem Dialog, Kapitel für Kapitel, wie von selber weiterentwickelt. Was wir als unsere Gedanken im Buch formuliert haben, konnten wir an uns selber erleben: in den Stunden des gemeinsamen Nachdenkens, des Redens, des Schweigens ist für uns beide in der Tat ein Rhythmus entstanden, der uns gut tat. Anders gesagt: Die Theorie deckte sich mit der Praxis: das, was wir schrieben, wurde zu einer Erfahrung, die wir beim Schreiben selber gemacht haben.

Vielleicht können wir dem einen oder anderen, der unser Buch liest, Anregungen geben für sein eigenes Leben – es wäre ein wunderbarer Lohn für unsere Bemühungen. Denn unsere oft unfreundliche Welt braucht Menschen, die im Vertrauen zu sich, zu anderen und zu Gott ihren Lebensrhythmus gefunden haben.

Ich habe bei der gemeinsamen Arbeit an dem Buch Freude erlebt und viel gelernt. Vor allem für die Zeit, die ich mit euch im Kloster verbringen durfte, danke ich dir. Sie hat mir Kraft gegeben, die ich „im Leben draußen" gut gebrauchen kann.

Aus dem kleinen Dorf Sigmundsgrün grüßt dich
in Freundschaft

Dein Gert

Im September 2001

Im Wandel der Zeit – Was der Seele gut tut

Was ist eigentlich passiert? Vor einigen Jahren schien unsere Welt für die meisten noch in Ordnung zu sein. Inzwischen ist vieles ins Trudeln geraten. In den Strudel der Massenarbeitslosigkeit werden die öffentlichen Haushalte und die sozialen Sicherungssysteme hineingerissen. Der Staat kann vielen gewohnten Verpflichtungen für das Gemeinwesen nicht mehr nachkommen. Die öffentlichen Schulden nehmen unüberschaubare Dimensionen an. Das Öffentliche bleibt nicht ohne Auswirkungen auf das Private und Persönliche. Viele Menschen haben die Orientierung verloren. Existenz- und Lebensangst greifen um sich.

Was wir erleben, ist Zeichen des Übergang von einer Epoche in eine neue. Solche Umbrüche, wie wir sie heute auf vielen Ebenen erleben, auf technischem, politischem, sozialem Feld, hat es in der Geschichte der Menschheit nur wenige Male gegeben – und in keinem einzigen Fall war es möglich vorherzusagen, wie die nachfolgende Ära aussieht. Auch jetzt wissen wir nicht, was das kommende Zeitalter bringen wird.

Wir befinden uns mitten in diesem Übergangsprozess – kein Wunder, dass solche Entwicklungen vielen Menschen Angst machen.

Ein Blick in die Geschichte kann immer nur holzschnittartig etwas andeuten, aber er kann auch ein wenig helfen, unsere heutige Situation zu verstehen und einzuordnen.

Der vielleicht älteste greifbare Paradigmenwechsel war der Übergang des Menschen vom Jäger und Sammler zum sesshaften Ackerbauern. Er veränderte damals die bewährten Verhaltensweisen, denn ein Jäger lebt nach anderen Grundsätzen als jemand, der sich an einem festen Ort niedergelassen hat, der Bauer wird, Felder bestellt und Vorräte anlegt. Die neue

Lebensweise stellte vieles auf den Kopf, was Jahrtausende gegolten hatte – von der Götterwelt bis zum Wertesystem.

Ein anderer bedeutender Paradigmenwechsel fand im ausgehenden Mittelalter statt. Die Menschen im abendländischen Kulturraum lebten in der Geborgenheit einer relativ einheitlichen, weitgehend vom kirchlichen Glauben geprägten Weltsicht, bis wissenschaftliche Erkenntnisse und Entdeckungen Teile des alten Weltbildes umstürzten. Namen wie Descartes, Galilei, Kopernikus und Newton stehen für das neue Paradigma. Die bis dahin ganzheitliche Betrachtung der Welt wurde fragmentiert, der Reduktionismus und das mechanistische Zeitalter waren folgenreiche Seiten des neuen Denkens.

Dann die Französische Revolution Ende des 18. Jahrhunderts – auch sie leitete ein neues Paradigma ein. Jetzt beseitigten die Bürger den Feudalismus und ersetzten die Souveränität des Königs durch die des Volkes. Das war der Beginn der demokratischen Gesellschaften.

Wenig später setzte dann in Europa das Industriezeitalter ein. Neben der Arbeit des Menschen spielten nun Maschinen eine immer größere Rolle. Die Arbeit selbst wurde aus dem Familienverbund herausgelöst und fand in Fabriken statt. Gerade diese Trennung von Familie und Arbeit hatte gewaltige Veränderungen, auch im sozialen Leben, zur Folge.

Anfang des 20. Jahrhunderts kam dann – auf naturwissenschaftlichem Gebiet – das mechanistische Weltbild der klassischen Physik ins Wanken, nachdem Einstein, Max Planck und andere Wissenschaftler neue Entdeckungen gemacht hatten, die das alte Paradigma in Frage stellten.

Und heute gibt es wieder eine Fülle von Hinweisen dafür, dass ein Paradigmenwechsel abläuft – dieses Mal der Übergang vom Industriezeitalter ins Informationszeitalter.

Interessant bei solchen Entwicklungen ist eines: So unterschiedlich die Paradigmenwechsel zu den jeweiligen Zeiten auch waren, die Symptome des Übergangs sind stets ähnlich. Eine solche Zeit beginnt immer mit einer Phase der Orientierungslosigkeit, weil die alten, überkommenen und oft über Jahrhunderte gültigen Werte plötzlich nicht mehr auf neue Situationen und Entwicklungen anwendbar sind. Die alten Maßstäbe, mit denen das Leben und Zusammenleben zwischen Menschen bewertet wurde, reichen auf einmal nicht mehr aus. Das Wertesystem ändert sich, bricht oft ganz zusammen und macht Platz für ein neues.

Häufig werden Menschen in solchen Übergangszeiten krank, weil sie mit dem Umbruch nicht zurecht kommen. Ihr inneres Gleichgewicht, die Balance zwischen Körper und Seele, kippt – mit der Folge, dass die Unausgeglichenheit in eine Krankheit münden kann, die scheinbar unerklärliche Ursachen hat.

Wir finden in der Gegenwart wieder solche Symptome des Übergangs: Die Menschen leben ohne Orientierung, sind einsam, haben Angst – ein Grundzustand ohne konkrete Ursache. Er ist einfach da und wirft viele Leute aus dem Gleichgewicht.

Noch nie gab es – bei einem hohen Maß an Wohlstand – in den Industrieländern so viele Unzufriedene, so viele Alkoholkranke, so viele Drogensüchtige, so viele, die von Medikamenten abhängig sind, so viele Stressgeplagte, so zahlreiche Selbstmorde und Selbstmordversuche.

Frühere Übergänge waren oft begleitet von Kriegen, Wirrnissen und Chaos. Auch heute weiß keiner, wohin die Reise geht. Aber klar ist, dass wir erstens den künftigen, den neuen Zustand nicht mehr mit alten Gesetzen und Instrumenten regeln können und dass wir zweitens im Nebel des Übergangs nicht zu früh und nicht zu schnell die alten Regeln außer Kraft setzen dürfen.

Denn in allen Übergangszeiten hat sich gezeigt, dass man am ehesten mit bewährten Grundwerten überleben kann: Freundschaft und Treue, Nächstenliebe, Hilfsbereitschaft, Solidarität statt Egoismus, Verantwortung für den anderen, auch für die Umwelt sowie Religiosität – solche „bewahrenden" und Halt gebenden Werte geben Stabilität in der Veränderung, solange das Neue noch nicht klar in den Umrissen erkennbar ist – und dann neue Regeln und Gesetze braucht.

Neben solchen gelebten Werthaltungen gibt auch etwas anderes Halt: Am ehesten kann sich jemand stabilisieren, wenn er seinem Leben einen Rhythmus gibt, wenn er also nicht beliebig in den Tag hineinlebt. Rhythmus tut der Seele gut. Leib und Seele sind eine Einheit und stehen zueinander in einer ausgewogenen Balance. Mit einem guten Lebensrhythmus und mit Hilfe von bewusst in den Alltag eingebrachten Ritualen kann der Mensch auch in kritischen Zeiten bestehen – mehr noch: Er wird in einem Maße wieder zu seiner eigenen Mitte kommen, dass ihn die rasante Veränderung, die ringsum geschieht, nicht aus der Bahn wirft.

Rhythmus und Rituale lösen die einseitige Verkopfung der Menschen wieder auf und bringen die Einheit von Leib und Seele zurück. Die Spiritualität des Menschen ist weitgehend einem Fortschritt zum Opfer gefallen, der sich jetzt als gar nicht so segensreich erweist. Deshalb muss sich der Mensch gerade in dieser Zeit wieder mehr um die Einheit von Leib und Seele kümmern – und Wege gehen, die der Seele gut tun.

Rhythmus

Leben ist Rhythmus. Jeder Mensch hat den Rhythmus in seinem Körper und genauso in der Seele – und weil sich Körper und Seele nicht voneinander trennen lassen, ist der gemeinsame Rhythmus so wichtig.

Rhythmus versetzt Körper und Seele in Schwingungen, in Bewegung, und nur dadurch hat der Mensch die Chance, sich weiterzuentwickeln. Viele befürchten, dass sich ihr Körper im Laufe des Lebens stets nur zum Schlechten verändert. Mit zunehmendem Alter verbraucht sich der Körper in der Tat, die Kraft schwindet, immer öfter treten Krankheiten und Gebrechen auf.

Diese körperlichen Anzeichen gehen einher mit Stimmungen, mit Hochs und Tiefs. Rhythmus und Stimmung gehören zusammen. Sie sind die innere Ordnung für die Einheit von Körper und Seele.

Tag für Tag bestimmt der Rhythmus unser Leben: Der Mensch steht auf, bewegt sich, isst und trinkt, ruht aus, legt sich nieder zum Schlafen. Wer seinen Rhythmus nicht beachtet, sich gar gegen ihn stellt, lebt auf Dauer gefährlich, weil er eine Grundtatsache des Lebens missachtet.

Was bewirkt also Rhythmus – und wie ist er wahrnehmbar?

Rhythmus ist ein Geschehen in Raum und Zeit. Körper und Seele gleichen einem Orchester: Wenn alle Instrumente harmonisch aufeinander abgestimmt sind, dann kann alles gespielt werden – ein Triumphmarsch ebenso wie eine Trauermelodie. Ob der Mensch etwas Langsames, Getragenes hören möchte oder lieber einen ausgelassenen Samba – es ist seine eigene Entscheidung. Wichtig ist, dass man sein „inneres Orchester" gut aufeinander abgestimmt hat, sonst gibt es zwischen den einzelnen Instrumenten und Saiten, auch zwischen den Saiten des menschlichen Empfindens, kein richtiges Zusammenspiel. Daraus entstehen Miss-Stimmungen oder Ver-Stimmungen, weil entweder der Ton falsch ist oder das Tempo oder der Einsatz. Nur wenn alle Instrumente fein aufeinander abgestimmt sind, klingt die Musik harmonisch und rhythmisch.

Auch deshalb, weil ein gesunder Rhythmus Krankheiten vorbeugen kann, ist es wichtig, dass die verschiedenen Rhythmen im Körper in Beziehung zueinander gesetzt werden. Pfarrer Kneipp, der große Wasser-Heiler, hat herausgefunden, dass der Körper zusätzlich zu den Behandlungen einen ganz bestimmten Rhythmus, ein Ordnungsprinzip, braucht, sonst bleibt er nicht gesund. Bei einer Kur zwingt die Kurordnung den Patienten, dass er sich in einen neuen, vorgegebenen Rhythmus einfügt – meist ist das ein ganz anderer als zu Hause. Der Heilerfolg beginnt also mit der Bewusstwerdung und Veränderung des Rhythmus. Das ist scheinbar „nur" eine äußerliche Veränderung, aber sie kann eine Veränderung im Inneren – auf allen Ebenen – bewirken.

Ein zentraler Rhythmus des Menschen wird durch das Herz vorgegeben. Die meisten achten auf diesen Takt gar nicht – erst wenn er gestört ist, nimmt man ihn plötzlich wahr. Oft scheint es, dass der Mensch schon so weit von sich selber entfernt ist, dass er diesen Rhythmus, der sein ganzes Leben bestimmt und den Tod bedeutet, wenn er ausbleibt, nicht zur Kenntnis nimmt.

Das Herz schlägt in einem Dreier-Rhythmus: Es zieht sich zusammen, macht eine kurze Pause, dehnt sich dann aus und entspannt sich. Der Eindruck, dass ein Herz ununterbrochen arbeitet und keine Erholungsphasen hat, täuscht also: das Herz ruht sich zwischen zwei Schlägen aus – das ist fast die Hälfte der Lebenszeit.

Welche Bedeutung dieser Herzrhythmus hat, zeigt auf ganz wunderbare Weise die tibetische Medizin. Dort arbeiten die Mönchsärzte mit der so genannten Pulsdiagnose, mit der sie Hunderte von Krankheiten ertasten können. Dabei fühlen sie mit drei Fingern den Puls – eine Fähigkeit, die jahrelange Einübung erfordert – und erkennen an seinem Rhythmus die Störungen im Menschen.

Am Herzen orientieren sich auch viele andere Rhythmen des Menschen. Der Atemrhythmus zum Beispiel, der ebenfalls drei Phasen hat: Einatmen, Ruhe, Ausatmen. Oder der Blutkreislauf, den man mindestens einmal am Tag richtig „auf Touren" bringen sollte. Überhaupt ist es gut, wenn die unterschiedlichen Rhythmen nicht monoton ablaufen, sondern immer wieder in Bewegung kommen.

Ein anderer täglicher Rhythmus wird uns durch Essen und Trinken vorgegeben, dem Wechsel von Nahrungsaufnahme und Verdauung. Wer ständig zu anderen Zeiten isst, kann Schwierigkeiten bekommen, weil sich sein Körper nicht in einen geregelten Rhythmus einschwingt.

Der biologische Ablauf von Essen und Verdauen kann auch ein Spiegelbild eines psychischen Vorgangs sein. Wenn jemand – ähnlich wie beim Essen – alles in sich hineinfrisst, also Ärger, Neid, Unzufriedenheit, dann gerät auch die Seele in Unordnung und Unruhe. In diesem Fall ist die Folge möglicherweise nicht nur ein dicker Bauch, sondern der Mensch trägt seine Depressionen und seine seelische Verstimmtheit mit sich herum, statt sie auszuscheiden. Mancher behauptet auch, dass seine leibliche Verdauung wunderbar funktioniert – aber mit seinem Leben kommt er gar nicht zurecht, weil er schwermütig ist, zornig oder eifersüchtig.

Ein anderer wichtiger Rhythmus ist der Wechsel von Tag und Nacht. Wer in seinem Beruf zur Schichtarbeit gezwungen ist, weiß, wie sehr diese unregelmäßige Tätigkeit den Körper belastet. Auch wenn er seine tariflichen Arbeitsstunden und Ruhepausen exakt einhält, bereitet ihm der wechselnde Rhythmus Mühe, und wenn etwa Flugkapitäne und Stewardessen auf ihren Langstrecken ständig quer durch die Zeitzonen fliegen, dann bringt sie nicht nur der dauernd wechselnde Arbeitsrhythmus durcheinander, sondern zusätzlich noch die unterschiedlichen lokalen Ortszeiten. Beim berüchtigten Jetlag braucht der Körper jedes Mal mehrere Tage, bis er sich wieder erholt. Was bei solchen Interkontinental-Flügen jedem einleuchtet, dass man nämlich mit seinem Tag-und-Nacht-Rhythmus Schindluder treibt, fällt einem im alltäglichen Leben oft gar nicht auf. Denn der innere Rhythmus hat leise Töne.

Zum Rhythmus gehört auch die Pause. Mehr noch: Erst die Pause macht den Rhythmus, und sie ist höchst kreativ. Wer je in stundenlangen Arbeitssitzungen schwitzte, bis die Köpfe rauchten, der wird wissen, wie erholsam eine Pause ist. Auf einmal sprudeln die Gedanken wieder, die Pause erweist sich als Einfallstor für neue Kreativität.

Das ganze Leben ist also ein zusammenhängender Rhythmus – und wer die einzelnen Phasen nicht auslebt, kann irgendwann Probleme mit dem Körper und der Seele bekommen. Nicht gelebte und nicht abgeschlossene Rhythmen blockieren den Menschen sogar auf seinem Weg durch die unterschiedlichen Lebensstufen. Wenn jemand aus seiner Pubertät nicht herauskommt, hat er zuvor möglicherweise seine Kindheit nicht richtig ausleben können. Wer das Erwachsensein nur mit Schwierigkeiten bewältigt, sollte seine eigenen Pubertätszeiten betrachten – und wer später mit seinem Alter nicht zurechtkommt, hat vermutlich das Erwachsensein nicht akzeptiert. So sind alle Phasen und Lebensrhythmen auf sehr komplexe Weise miteinander verbunden.

Was das ganze Leben zu bestimmen scheint, ist der so genannte Siebener-Rhythmus: die sieben Farben im Farbspektrum, die sieben Töne der Tonleiter, der Sieben-Jahre-Rhythmus im Leben eines Menschen, der Sieben-Tage-Rhythmus der Woche und vieles mehr. Mönche und Meditationslehrer raten sogar, dass man im Siebener-Rhythmus atmet: bis sieben zählen beim Einatmen, dann eine Pause – und bis sieben wieder ausatmen. Auch darauf wird noch zurückzukommen sein.

Hören

Wer bei sich etwas zum Guten verändern will, sollte erst einmal seine Wahrnehmung schulen. Dazu gehört vor allem das Hören – wie bei der Musik muss man in sich hineinlauschen: Sind die Tempi der einzelnen Instrumente richtig, stimmt die Tonhöhe? Wo sind Dissonanzen, wo Harmonien? Gibt es überflüssige Passagen?

Das erste Wort in der Regel des heiligen Benedikt lautet: „Höre" – nimm wahr, was in dir und um dich herum geschieht. Es reicht nicht, dass man einmal flüchtig in sich hineinhört. Man muss es immer wieder tun. Auch in der Natur wiederholen sich die Vorgänge: Jedes Jahr treibt der Apfelbaum im Frühjahr Blüten und Blätter aus, lässt die Früchte heranreifen, schenkt sie uns in der Ernte, wirft dann seine Blätter ab und geht in den Winterschlaf – bis zum nächsten Frühling. Wenn dieser Baum ein einziges Jahr diesen Rhythmus unterbrechen würde, wäre er krank.

Merkwürdigerweise glauben viele Menschen, dass sie selber ohne diese rhythmische Kontinuität leben können. Doch auch ein Mensch erkrankt, wenn er nicht rhythmisch lebt. Nur durch die ständige Wiederholung wird man mit einer Handlung vertraut – und dieser Zustand ist eine Quelle für die Spiritualität. In der Meditation und im Gebet ist es ähnlich: Man wiederholt einen bestimmten Gesang oder einzelne Worte, man wiederholt sehr bewusst seinen Atem – mit dem Ergebnis, dass man in der Versunkenheit immer neue Varianten des Lebens erkennt.

Singen und Tanzen sind eine besondere Form der Wiederholung. Benediktinermönche zum Beispiel singen viel. Sie singen sich durch ihr ganzes Leben, sieben Mal am Tag. Das tun sie nicht nur zum Lob Gottes, sondern der Gesang gibt ihnen zugleich Bewegung, bringt Körper und Geist in Schwingungen. Die gesungenen Gebete sind eine beständige Wiederholung von Lebenstönen – und wenn zum Singen gar getanzt wird, dann wird die Wirkung dadurch noch verstärkt. Das beflügelt dann auch den Geist. Die Fantasie ist der Tanz des Geistes. In der Gemeinschaft mit anderen gleichen sich die Rhythmen an und inspirieren alle – so entstehen gemeinsame Ideen, gemeinsame Visionen, gemeinsame Glückserlebnisse. Voraussetzung dafür aber ist wieder das Hören.

Bewegung

Bewegung ist die Voraussetzung für jede Veränderung. Das heißt: Jemand muss seinen Standort verlassen und sich – Schritt für Schritt – in andere, neue Positionen begeben. Das geht einher mit Berührungen, ob es die Luft ist oder ob es Menschen sind, denen man in der Bewegung begegnet, oder ob es eine innere Berührung des Herzens ist: Jede Bewegung ist ein Zeichen des Lebens – und je rhythmischer sie ist, desto besser für den Körper und die Seele.

Der Mensch wird also geprägt von seinen inneren Rhythmen und von den Rhythmen, die er als Rhythmen in der

Natur, in der Schöpfung erlebt. Alle diese Rhythmen haben ihren besonderen Takt. Solange der Mensch nicht bewusst damit umgeht, führt jeder Rhythmus ein Eigenleben, ohne sich um die anderen zu kümmern. Erst die bewusste Wahrnehmung aller Takte, die im Körper und in der Seele, oft kaum hörbar, schlagen, versetzt den Menschen in die Lage, lenkend einzugreifen – und diese unterschiedlichen Rhythmen harmonisch aufeinander einzustimmen. Erst das bewusste, geduldige Einschwingen der einzelnen Rhythmen, innerer wie äußerer, zu einem großen, umfassenden Menschenrhythmus führt zu heiterer Gelassenheit. Dieser Menschenrhythmus hebt über bloße Selbsterkenntnis weit hinaus. Wer aufmerksam wahrnimmt und einschwingt in das große Ganze der Schöpfung und des Lebens, erfährt nämlich nicht nur sich, sondern auch den Schöpfer, den Urheber des Lebens – Gott selbst.

Leib und Seele

Bloße Gedanken allein reichen oft nicht aus, um der Seele Gutes zu tun, immer ist auch der Leib beteiligt. Deshalb ist Seelsorge auch Leibsorge. Es gibt nicht selten die Meinung: Hier sind die geistlichen Dinge – und dort die weltlichen. Nach dieser Logik ist Materie eben Materie – und Geist ist Geist. Die Wahrheit ist: Beide sind ineinander verwoben und gehören zusammen. Niemand kann sich sozusagen am Leib vorbeimogeln und gleich bei der Seele landen – mit dem Gedanken, ihr Gutes zu tun. Beide sind untrennbar miteinander verbunden. Wer etwas für seine Seele tun will, muss gleichzeitig auch etwas für den Leib tun – und umgekehrt.

Der Seelenrhythmus berücksichtigt alle Dimensionen der menschlichen Befindlichkeit im gleichen Maß. Seelenrhythmus ist nichts anderes als der geglückte Lebensvollzug eines Menschen.

Seele hat immer etwas mit einem realen Menschen zu tun, mit einer realen Geschichte, einer realen Situation. Und die Seele lebt nach dem Tod des Körpers weiter. Das Wunder ist, dass durch eine biologische Zeugung das Leben der Seele ermöglicht wird. Dieses Prinzip gilt auch im übertragenen Sinn: Wenn ein Handwerker einen Tisch anfertigt, ist das auch ein geistiger Vorgang. Und indem du jemandem einen Stuhl anbietest, tust du nicht nur seinem Leib etwas Gutes, sondern auch seiner Seele.

Es ist also durchaus sinnvoll, von einem Seelenrhythmus zu sprechen. Es ist zu spüren: Wenn du deinem Leib etwas Gutes tust, freut sich auch deine Seele. Wer dagegen nur der Seele Gutes tun will, indem er zum Beispiel betet oder meditiert, dem wird das wahrscheinlich nicht gelingen, wenn er nicht auch den Leib beachtet. Man kann die Bedürfnisse des Leibes nicht überspringen, sonst bleibt das Tor zum Leben in Fülle verschlossen.

Aber man kann so etwas wie Seelenrhythmus auch anders erleben. Wenn du im Garten sitzt und hörst, wie die Vögel singen und das Wasser am Bach plätschert – dann versetzt das Leib und Seele in Schwingung, in einen Rhythmus eben.

Entscheidend wichtig für jeden Rhythmus ist die Beziehung. Wenn jemand in echte Beziehung eintritt mit jemanden oder mit Dingen, dann wird seine Seele berührt. Dabei spielt es oft keine Rolle, ob diese Beziehung zu einem Menschen besteht oder zu einem Stein, einem Baum, einem Schmetterling. Beziehung ist der Anfang der Transzendenz: Du überschreitest deine eigenen Grenzen. Menschen sehnen sich danach, zu anderen Menschen, zu Dingen, zu Erfahrungen und zu Gott in Beziehung zu treten. Man spürt den Seelenrhythmus in dem Augenblick, wenn man mit anderen „Seelen" eine Beziehung aufnimmt. Dann berührt das eigene Innerste die Seelentiefe des anderen. Zwei Seelen kommen in eine gemeinsame Schwingung und es kann Einklang entstehen. Der Seelenrhythmus lässt sich im Alleingang nur sehr schwer erfahren. In der Schöpfungsgeschichte setzt sich Gott, das Urprinzip des Lebens, in Beziehung zur Materie, indem er dem irdenen Lehm-Ebenbild seinen Atem einhaucht. Diese Schöpfungsgeschichte erzählt eine Beziehungsgeschichte, ist ein Bild für die innige Verbindung von Geist und Materie.

In unserer Zeit ist es schwierig geworden, in Beziehungen zu treten. Das ist auch ein Grund, warum viele Menschen so schwer beten können. Es ist wenig sinnvoll, einen Menschen in den Meditationsraum zu setzen und ihn aufzufordern, jetzt eine halbe Stunde lang gleichmäßig zu atmen, um so in Beziehung zu Gott zu treten. Es wäre klüger, ihn hinauszuschicken – draußen kann er – zum Beispiel – einen Stein in die Hand nehmen und versuchen, zu diesem Stein eine Beziehung zu finden. Noch so viele Meditationsbücher zu lesen nützt wenig, solange jemand nicht fähig ist, einfache Beziehungen herzustellen. Aber auch das andere gilt: Es kommt keine Beziehung zustande ohne Rhythmus. Wer sich in den Garten setzt in der Erwartung, dass jetzt etwas Besonderes mit ihm passiert, der wird wohl erst einmal enttäuscht werden. Er wird erst berührt werden, wenn er sich regelmäßig, zum Beispiel jeden Tag zur selben Zeit, aufmerksam an denselben Platz setzt. Denn der Garten, der Teich – sie leben selber in Rhythmen und schauen im Winter anders aus als im Sommer. Diesen Rhythmus der Veränderung sollte man aufmerksam wahrnehmen.

Rhythmus sorgt dafür, dass ein Leben strukturiert wird. Dann läuft es nicht monoton ab, sondern gliedert sich in viele Takte – auch in Pausen, die ein kreativer Freiraum sind, in dem sich Körper und Seele entfalten können. Dann kann echte Wahrnehmung stattfinden, denn für diese Wahrnehmung braucht es Raum, Zeit – und Geduld.

Der Rhythmus unseres Körpers

Krankheit als Rhythmusstörung

Wie wichtig ein guter Rhythmus für das Leben des Menschen ist, zeigt sich schon daran, dass es einen Zusammenhang zwischen Rhythmus und Gesundheit bzw. Krankheit gibt.

Wenn der Lebensrhythmus eines Menschen nachhaltig gestört ist, dann wird er krank – so eng ist die Beziehung zwischen Leib und Seele. Krankheit kann verstanden werden als ein Hilfeschrei des Körpers und der Seele: Sie verschaffen sich auf diese Weise die Aufmerksamkeit, die sie sonst nicht bekommen. Extreme Signale können Krebserkrankungen oder Herzinfarkte sein – vielleicht Zeichen dafür, dass die Störung sonst nicht wahrgenommen wird.

Heilung in einem solchen Fall wird dann möglich sein, wenn der Betroffene neue Beziehungen nach innen und außen aufbaut und gestaltet: zu sich selber, zu anderen Menschen, zu den Dingen um ihn herum, zur Natur, zur Schöpfung – und zum Schöpfer. Mit Hilfe dieser Beziehungen versetzt er sich selber in die Lage, den Rhythmus seines Lebens wieder zu finden oder neu zu gestalten.

Rhythmusstörungen kann es auf drei Ebenen geben: im Körper, im seelischen Bereich und im Geistig-Religiösen. Wir Menschen neigen dazu, die Krankheit nur punktuell als körperliches Leid zu sehen, als Wunde, als Schmerz, als Tumor. In Wahrheit hängen Krankheiten oft eng zusammen mit Störungen der Seele und des Geistes. Wenn der Mensch zu allen drei Ebenen wieder Beziehungen aufbaut und seinen ihm gemäßen Lebensrhythmus findet, wird er gesund. Weil Leib und Seele eng miteinander verwoben sind, kann der richtige Körperrhythmus seelische Leiden lindern oder heilen – und umgekehrt.

Es gibt Untersuchungen, die solche Abhängigkeit bestätigen. Wissenschaftler haben festgestellt, dass gläubige Menschen, die beten und einen ausgewogenen Lebensrhythmus haben, seltener krank werden als Nichtgläubige. Menschen, die sich in ihrem Glauben geborgen fühlen, sind nachweislich weniger krankheitsanfällig und leben länger. Dazu hilft ein Leben mit einem ausgewogenen inneren und äußeren Rhythmus. Wer achtsam mit sich selber umgeht, wer das rechte Maß findet im Umgang mit Eltern und Kindern, mit Freunden, bei seiner Arbeit, im Konsum oder im Blick auf seine Umwelt – der wird trotz aller Erbanlagen und Ansteckungsgefahren seltener krank sein als andere.

Es ist ein Trost zu wissen, dass ein Mensch seine körperlichen Gebrechen durch Veränderungen in seiner Seelen- und Gefühlswelt beeinflussen kann – und dass sich in umgekehrter Weise auch ein schlechter Gefühlszustand bessern oder ganz heilen lässt, wenn der Körperrhythmus ausgewogen ist, zum Beispiel durch die richtige Ernährung, durch das rechte Maß bei Wachen und Schlafen, bei Spannung und Entspannung, bei Ruhe und Bewegung und beim Atmen. Diese Erkenntnisse wirken oft besser als Medikamente.

Ob der wiedergefundene Rhythmus für das Leben und die Gesundheit gut ist, wird der Einzelne selber am besten spüren. Wenn jedoch die Wahrnehmung durch Krankheit und Leid sehr eingeschränkt ist, braucht man einen erfahrenen Helfer und Begleiter (einen Arzt oder Therapeuten), der seine Kompetenz einbringt auf der Suche nach der Wurzel der Erkrankung.

„An ihren Früchten werdet ihr sie erkennen" – in abgewandelter Form gilt dieses Bibelwort auch bei der Heilung von Krankheiten. Als Regel könnte man formulieren: Tu das, was du nach eingehender Prüfung als richtig erkannt hast, was dir gut tut und hilft. Viele Menschen behaupten zum Beispiel, dass ein sofort nach dem Aufstehen getrunkenes Glas Wasser das beste Heilmittel gegen Krankheiten sei. Andere schwören auf Yoga-Übungen oder einen Löffel Essig. Selbst wenn die Erfolge schulmedizinisch nicht nachweisbar sind – wem es gut tut und für wen es jeden Morgen der Auftakt zum Tagesrhythmus ist, der sollte dabei bleiben. Allein schon der Rhythmus, der dadurch entsteht, dass man dieses Glas Wasser jeden Morgen nach dem Aufstehen trinkt, wird dem Leib und der Seele helfen, gesund zu bleiben.

Das sind natürlich sehr einfache Grundregeln. Man sollte aber tatsächlich nicht erst warten, bis man krank geworden ist. „Krank werde ich, wenn ich gesund bin", heißt es in einer alten Volksweisheit. Menschen werden oft krank, wenn es ihnen zu gut geht. Dem, der gesund ist, hilft es schon, wenn er den Grundsatz beachtet, nichts zu übertreiben! Wenn es am besten schmeckt, soll man aufhören, heißt es. Auch das eine sinnvolle Regel.

Jede Störung entsteht in einem gesunden Körper. Deshalb ist es sinnvoll, bereits früh auf die Gesundheit zu achten, ohne jedoch wie ein Hypochonder dauernd in sich hineinzulauschen und sich unablässig zu beobachten.

Heilsam ist es, wenn der Mensch religiös ist, also eine Beziehung hat zu Gott, zu jemanden oder etwas, das außerhalb unserer Welt ist. Eine solche Bindung gibt ihm Sicherheit und Vertrauen. Viele haben diese Verbindung zum Jenseits verloren – und sind verunsichert. Die Fragen nach dem Woher und Wohin bewegen sie weiter, aber sie haben darauf keine Antwort. Aus einer solchen Angst entstehen viele Leiden, die typisch sind für moderne Gesellschaften. Ein Leben ohne Rhythmus, ohne Religiosität, d.h. ohne wirkliche Beziehungen zu Menschen und zu Gott macht krank.

Dass „austherapierte" Schwerkranke plötzlich gesund werden können, ist bekannt: Man spricht von so genannten Spontanheilungen. Menschen, die eine solche Wunderheilung erlebt haben, erzählen immer auch von einer inneren Erkenntnis. Diese Todgeweihten haben meist zu sich selbst, zu anderen oder zu Gott eine neue Beziehung aufgebaut oder gefunden – und in dieser transzendenten Erfahrung haben sie ihr Leiden überwunden. Darin zeigt sich noch einmal: Wer seiner Seele Gutes tut, macht auch dem Körper ein Geschenk.

Verbindung zur ganzen Schöpfung

Nur selten achten wir auf unseren Atem. Die meisten Menschen beachten ihren Atemrhythmus genauso wenig wie den Herzschlag und nehmen ihn gar nicht bewusst wahr. Sie spüren deshalb auch nicht, dass sich dieser Rhythmus je nach der eigenen Befindlichkeit, nach der Tageszeit und Tätigkeit dauernd verändert – und doch immer bleibt. Der Atem ist da, Tag und Nacht, er lässt sich nicht einfach abschalten. Man atmet ein und dann wieder aus; das Einatmen ist ein Aufnehmen, das Ausatmen ein Abgeben und Loslassen. Das ist die gängige Vorstellung vom Atemrhythmus, und so ist es auch. Aber man vergisst dabei, dass es beim Atmen noch etwas Drittes gibt: eine Ruhephase, die Umkehr, die Atemwende.

Der Atem kann ganz unterschiedlich sein, zum Beispiel flach oder tief – immer aber ist er ein Barometer für den Körper und für die Seele, ein Zeichen für das, was im Inneren geschieht. Und zugleich ist er die Verbindung nach außen, ein Austausch mit der ganzen Schöpfung.

Atmen ist also nicht nur eine automatisch ablaufende Sauerstoffzufuhr für den Körper (der in der Tat sonst gar nicht leben könnte) und die anschließende Entfernung der verbrauchten Luft. Atmen ist viel mehr: Mit jedem Atemzug nimmt man Lebensenergie auf und gibt Energie in anderer Form ab, die wiederum von den Pflanzen aufgenommen und erneut in Sauerstoff für den Menschen und für alle Lebewesen umgewandelt wird. Das hat auch eine symbolische Dimension: Dieser ewige Kreislauf von Geben und Nehmen ist ein Rhythmus der Schöpfung. Mensch und Natur sind im Atemrhythmus direkt miteinander verbunden und aufeinander angewiesen. Ohne dieses Geben und Nehmen gibt es kein Leben.

Daher ist der Atem ein Zeichen der Solidarität in der Schöpfung. Es ist eine wunderbare, universale Gemeinschaft, bei der jeder Einzelne nimmt und gibt. Ob Grashalm im Garten oder brasilianischer Regenwald, ob Kopfsalat oder Mammutbaum: Jedes Blatt, jeder Baum erzeugt mit Hilfe der Sonne den Sauerstoff, den Menschen und Tiere zum Leben brauchen. Die Pflanzen verschenken ihn an die Lebewesen, die ihn zu Lebensenergie umwandeln – und nach der Umwandlung in der Verbindung mit Kohlenstoff zurückgeben an die Natur, die ohne dieses Geschenk ebenfalls nicht existieren kann.

So ist der Atemrhythmus ein großes solidarisches Gesetz, in dem alle Geschöpfe miteinander verbunden sind. Jeder trägt in diesem Kreislauf Verantwortung für den anderen – er schenkt und wird beschenkt. Dabei stehen Geben und Nehmen immer im ausgewogenen Verhältnis zueinander – keiner bereichert sich auf Kosten der anderen. Die Schlüsselblume kann nur wenig Lebensenergie an Tiere und Menschen abgeben, braucht aber selbst nicht viel Lebensenergie zurück. Die dampfenden, atmenden Regenwälder am Amazonas versorgen einen ganzen Kontinent mit Sauerstoff – und müssten zum Dank dafür sorgsam gepflegt werden.

Diese universale Solidargemeinschaft arbeitet wie ein gigantisches Netzwerk, in dem alle Teilnehmer untereinander wie mit silbernen Fäden verbunden sind. Das ist das Mysterium des Atmens: Der Atem ist ein göttliches Geschenk, das die Geschöpfe, alle Lebewesen, alle Pflanzen, die Erde, die Steine und den Regen miteinander verbindet und vereint.

Ausdruck der Seele

Der Atem weist aber nicht nur ins Weite, in die ganze Schöpfung hinaus, sondern auch nach innen. Im Atemrhythmus drückt sich das Innere, die Seele aus.

Wenn ein Mensch geboren wird, dann ist seine erste eigenständige Handlung der erste Atemzug – und mit dem letzten Ausatmen haucht er sein irdisches Leben aus. So spannt der Atemrhythmus beim Menschen den Bogen von der Geburt bis zum Tod.

Nach dem Schöpfungsbericht wurde Adam zum Menschen, nachdem ihm Gott den Atem eingehaucht hatte. So sind der Atem und sein Rhythmus auch Ausdruck göttlichen Lebens.

Der Atem wirkt sich immer auch auf die jeweilige Verfassung eines Menschen aus. Deshalb kann der Atem ein therapeutisches Mittel sein, um den Seelenzustand zu beeinflussen. Durch die bewusste Regulierung des Atems werden bestimmte Körperfunktionen und seelische Befindlichkeiten in eine ausgewogene Balance gebracht. In der Meditation etwa wird die Atemtechnik genutzt, und in allen Religionen, die immer auch Versenkung und Gebet einschließen, öffnet der Atemrhythmus Tore zu tiefen spirituellen Erfahrungen.

Nicht nur die Lunge braucht den Atem, sondern jedes Organ, jede einzelne Zelle im Körper – auch die Seele. Der Atemrhythmus steuert alles Leben im Menschen: die Verdauung, das Herz, die Organe und Drüsen. Wer genau beobachtet wird feststellen: Ein Mensch, der unter Depressionen leidet, atmet anders als ein Hysteriker oder jemand, der innerlich ausgeglichen ist.

Der gleichmäßige Atem gibt seinen Rhythmus weiter an alle Stellen im Körper, auch an die Seele. Deshalb tut es gut, ruhig und gleichmäßig – möglichst im Siebener-Rhythmus (auf den wir noch zu sprechen kommen) – zu atmen. Ein Vergleich mit dem Blasebalg zeigt es: Die Luftmatratze füllt sich um so schneller, je ruhiger und gleichmäßiger man den Blasebalg bedient.

Richtiges Atmen ist tatsächlich ein wunderbares Mittel, um die eigene Stimmung zu verbessern. Denn bewusstes Atmen ist die bewusst wahrgenommene Verbindung zwischen unten und oben: der Mensch liegt, sitzt oder steht auf der Erde – und ist frei nach oben zum Kosmos und zum Himmel. So atmet er ein, macht eine kurze Pause und atmet aus – Körper und Seele verschmelzen beim Atmen zu einer spirituellen Einheit.

Leider atmen die meisten Menschen unbewusst oder haben sich eine falsche Technik angewöhnt – und können deshalb diese schöpferische Einheit nicht erfahren. Bei fast allen Krankheiten, den körperlichen und den seelischen, konnte festgestellt werden, dass die betroffenen Menschen auch Schwierigkeiten mit ihrem Atemrhythmus haben. Wenn der Atem nicht rhythmisch abläuft, gibt es Störungen im Körper. Auch wer dann sein Heil darin sucht, Sport zu treiben, zu meditieren, spazieren zu gehen, sollte dies alles im richtigen Atemrhythmus tun, sonst hat er nur den halben Erfolg. Jogger wissen, wie gut es tut, wenn sie den Laufrhythmus ihrer Beine mit den Armbewegungen und dem Atem koordinieren – nur dann laufen sie leicht, spielerisch und ausdauernd. Bergauf werden die Schritte und der Atem kürzer, bleiben aber zueinander im gleichen Takt. Dieser Rhythmus, bei dem alles aufeinander abgestimmt ist, ist eine Wohltat, die sich auf das ganze Leben auswirkt. Wer richtig atmet, be-„geistert" sich, er nimmt Geist in sich auf. Viele Menschen sind nicht mehr begeisterungsfähig, weil sie nicht richtig atmen können. Sie haben das rechte Atmen verlernt. Unsere Emotionen und nicht zuletzt unsere Spiritualität hängen auch davon ab, wie wir den Atem gestalten.

Grundsätzlich unterscheidet man drei Atemtechniken: die Bauchatmung, die Brustatmung und die Schulteratmung.

Bauchatmung erkennt man daran, dass sich der Bauch nach außen wölbt, wenn eingeatmet wird. Wenn man eine Hand auf den Bauch legt, kann man diesen Atem spüren. Bei der Brustatmung hebt und senkt sich der Brustkorb, und bei der Schulteratmung wird das tiefe Ein- und Ausatmen durch Hochziehen und Senken der Schultern wahrnehmbar.

Jeder Mensch atmet mit diesen drei Techniken, und zwar je nach der Situation, in der er sich befindet: Bauchatmung beim Ausruhen, Brustatmung zum Beispiel beim Sport und Schulteratmung beim tiefen Luftholen.

In der Atemtherapie wird der bewusste Wechsel von der einen Technik zur anderen empfohlen. Allein dadurch kann man bestimmte Krankheitszustände verbessern. Noch wichtiger für die Heilung ist es aber, den falschen Atemrhythmus (egal in welcher Technik) zu verändern. Ein solcher Rhythmuswechsel kann schon eine positive Veränderung bewirken.

Diesen richtigen Rhythmus muss jeder für sich selber finden. Erstaunlicherweise gilt in allen Religionen und Kulturen die gleiche Erfahrung, wie man richtig atmen soll: beim Einatmen bis sieben zählen, dann eine Pause mit der Umkehr – und dann beim Ausatmen wieder bis sieben zählen. Dabei ist nicht entscheidend, ob jemand schneller bis sieben zählt oder langsamer – der persönliche Rhythmus soll natürlich sein und gut tun.

Den einmal gefundenen Siebener-Atemrhythmus sollte man so einüben, dass er von selbst abläuft. Und wenn man auf Grund irgendwelcher Ereignisse einmal aus diesem Rhythmus geworfen wird – zum Beispiel auf Grund einer Angstsituation, wenn der Atem stockt oder sich plötzlich stark beschleunigt –, dann kann man ganz bewusst wieder im Siebener-Rhythmus atmen. Der Atem wird rasch wieder ruhig werden – und die Angst geht zurück.

Einüben kann man diesen Atemrhythmus fast überall: an der Bushaltestelle, im Auto oder im Zug, beim Spazierengehen oder auf der Bank im Park. Es gibt viele kleine Zeiten und Gelegenheiten, um sich bewusst auf den Atem zu konzentrieren und den Siebener-Rhythmus einzuüben. Wer das mit Aufmerksamkeit und Sorgfalt tut, versorgt seinen Körper, aber auch den Geist und die Seele mit großer Energie.

Einatmen und Ausatmen

Manchen kommt die Frage in den Sinn, was wohl wichtiger ist: Einatmen oder Ausatmen.

Beim Einatmen nimmt der Mensch Leben auf, beim Ausatmen gibt er Leben ab. So könnte man vermuten, dass Einatmen wichtiger sei, aber das stimmt nicht. Denn beim Ausatmen schafft man Raum, damit sich die Lunge wieder mit neuem Atem füllen kann. Nur so ist es möglich, dass wieder Leben in den Menschen einströmt. Im Ausatmen, also im Sterben, liegt der Keim fürs neue Leben. Das hat spirituelle Konsequenzen: Nur wer bewusst ausgeatmet, also losgelassen hat, kann eines Tages auch gut sterben. Dann ist der letzte

Atemzug nicht das Ende, sondern das Leben geht, in veränderter Form, weiter.

Es ist auffallend, dass die Menschen in den hoch entwickelten Industrieländern im Vergleich zu früher sehr anfällig für Erkrankungen der Atemwege geworden sind. Natürlich gibt es auch zunehmend Immunschwächen und Allergien, die den Menschen krank machen. Aber die ungewöhnlich hohe Zahl von Atemwegserkrankungen kann auch als ein spirituelles Problem gesehen werden: Die Menschen haben kein Vertrauen mehr zu dem, was sie einatmen. Sie misstrauen dem Leben.

Viele Atemerkrankungen, zum Beispiel Asthma, sind Rhythmusstörungen: Die Menschen können nicht mehr im richtigen Rhythmus atmen. Wer lehrt heute, wie man ruhig und ausgewogen atmet?

Manche Menschen übertragen ihren Wunsch, vom Leben immer mehr zu bekommen, unbewusst auch auf das Atmen. Sie befürchten, dass sie nicht genug kriegen, ziehen aus Angst alles in sich hinein, was sie aufnehmen können – und geben es nicht mehr her. Doch Angst erzeugt Enge und raubt den Atem.

In jedem Augenblick einatmen zu können, ist ein Geschenk – und je bewusster man atmet, desto reicher kann man sich beschenkt fühlen.

Der Herzrhythmus

Neben dem Atem ist der Herzschlag beim Menschen der wichtigste Rhythmus. Jeder weiß: Ist er gestört, kommt es zu Erkrankungen.

Das Herz ist ein Muskel, der ein Leben lang ununterbrochen arbeitet. Er zieht sich zusammen und öffnet sich, immer und immer wieder, siebzig, achtzig, manchmal hundert Jahre lang. Viele Millionen Schläge ohne Unterbrechung – wann schläft eigentlich das Herz, um sich zu erholen?

Wie auch beim Atmen gibt es beim Herzen einen Dreier-Rhythmus: Zusammenziehen, Öffnen, Ruhepause. Ohne diese Pause würde auch das Herz bald stillstehen.

Normalerweise schlägt das Herz ruhig, man merkt es nicht. Wir spüren es erst, wenn es plötzlich „klopft" oder wenn der Rhythmus gestört ist. Wenn sich der Herzschlag beschleunigt, dann bedeutet das aber nicht unbedingt, dass jetzt die Versorgung des Körpers mit mehr Blut notwendig ist – und dass deshalb die „Pumpe" schneller arbeitet. Ein Rhythmuswechsel kann auch daran liegen, dass ein geliebter Mensch auftaucht – oder daran, dass uns jemand erschreckt oder bedroht. In beiden Fällen beschleunigt sich der Herzrhythmus in ähnlicher Weise, aber die Ursachen sind ganz unterschiedlich.

Die beiden wichtigsten Rhythmen im Körper des Menschen, der Atem und das Herz, laufen nicht synchron. Aber beide Rhythmen werden von der seelischen Verfassung mitbestimmt. Der Dreier-Rhythmus des Herzens lebt in der symbolischen Mitte des Menschen, im Schnitt- oder Kreuzpunkt seiner horizontalen und vertikalen Achse.

Eine Möglichkeit, die eigene Lebendigkeit zu spüren, besteht darin, den Herzschlag bewusst wahrzunehmen. Dabei hilft es vielleicht, mit der Hand den Herzschlag zu erspüren. Die beliebte Redensart „Hand aufs Herz" meint, dass der Mensch zu seiner inneren Bewegung und Wahrheit findet. Er berührt dabei nicht nur sein Herz, sondern auch seine inneren Bewegungen.

Den Herzschlag kann man am besten wahrnehmen, wenn man in Ruhe ist. Andererseits ist es sinnvoll, das Herz jeden Tag einmal richtig auf Touren zu bringen – bei einem flotten Spaziergang, beim Joggen oder Schwimmen, auf dem Fahrrad. Das tut dem Herzen gut – man darf es nur nicht dauerhaft überbelasten, indem man ihm keine Ruhephase gönnt. Diese notwendige Erholung für das Herz wird von vielen Menschen nicht oder zu wenig ernst genommen. Aber der Herzrhythmus wird gestört, wenn ein Mensch ständig ein zu hohes Tempo vorlegt – bei der Arbeit wie in der Freizeit.

Kein Mensch verträgt ununterbrochen neue Bilder, jeder braucht auch Stille und Entspannung. Übermaß tut dem Herzen nicht gut. Das ist besonders offensichtlich bei einem Übermaß an Alkohol oder Zigaretten, aber es gilt auch sonst. Unser Herz kann viel verkraften, aber man muss immer wieder das rechte Maß finden: Ein Dauerlauf ist sicher gesund, aber ein ständiger Marathonlauf wird dem Körper schaden. Gegen ein Glas Bier oder einen Schoppen Wein ist nichts einzuwenden, doch zu viel Alkohol macht das Herz, den Körper und die Seele kaputt.

Wie sehr der Herzschlag Auswirkungen auf den gesamten Körper hat, zeigt die tibetische Medizin mit ihrer bereits erwähnten Pulsdiagnose: Mit drei Fingern gleichzeitig messen die tibetischen Ärzte den Puls an verschiedenen Stellen am Unterarm und finden dadurch – dank jahrelanger Übung – heraus, woran der Mensch erkrankt ist.

Das Herz ist aber auch das Organ, mit dem wir unsere Gefühle verbinden: Ein Mensch ist herzlich, herzlos, herzerfrischend, unbarmherzig – der Herzmuskel ist also auch unter diesem Aspekt weit mehr als eine Saugpumpe, die das Blut durch den Körper treibt. Und mit Bezug auf das Herz benennen wir auch dauerhafte innere Haltungen: Herzlichkeit, Liebe und Barmherzigkeit. Es muss dir bewusst sein: Dein Herz schlägt für das Leben, für dein eigenes und das der anderen. Und auch Liebe und Barmherzigkeit brauchen einen Rhythmus – wie das Herz, das im ausgewogenen Dreier-Rhythmus schlägt –, sonst ermüden sie oder kommen aus dem Gleichgewicht. Auch grenzenlose Liebe und Barmherzigkeit braucht das gute Maß im Geben und Nehmen – und das gute Maß der Ruhe. Denn auch das ist eine Art von Herzrhythmus.

Essen und Trinken, Verdauen und Ausscheiden sind ein Rhythmus, den jeder Mensch braucht. Weil in unserer Zeit die Menschen unregelmäßig essen, ist auch der ganze Körperrhythmus unregelmäßig geworden.

Hildegard von Bingen, die große Mystikerin des Mittelalters, hat den Magen mit einem Kochtopf verglichen, in dem die Nahrung für den Körper verarbeitet wird. Krankheitsstatistiken zeigen, dass in den so genannten modernen Gesellschaften gerade der Rhythmus „Nahrung aufnehmen, verdauen, ausscheiden" erheblich gestört ist.

Weltweit haben die Menschen jeweils unterschiedliche Essgewohnheiten. Ein Eskimo nimmt andere Nahrung (und zu anderen Tageszeiten) zu sich als ein Italiener oder ein Nomade in der Sahara. Auch die Menschen im selben Land unterscheiden sich in ihren Essgewohnheiten. Deshalb ist es schwer, allgemein gültige Regeln aufzustellen. Sogar der heilige Benedikt legte nur mit größter Vorsicht das „Maß der Speise" für andere fest. Es ist praktisch unmöglich, einen Speiseplan und einen Essensrhythmus zu empfehlen, der für alle Menschen gilt.

Jeder Einzelne kann mit Blick auf sich selber einen Rhythmus finden, der ihm gut tut. Der eine braucht mehr Fleisch, der andere mehr Kohlenhydrate – jeder muss sich seinen Speiseplan und seinen Essensrhythmus so gestalten, wie er ihm bekommt. Wichtig ist es, auf das rechte Maß zu achten – wer es findet, tut sich, seiner Seele und seiner Gesundheit etwas Gutes. Sich zu bestimmten Zeiten vollzustopfen „bis oben hin" und anschließend eine Hungerdiät zu machen, schadet dem Körper. Extreme Fastenkuren sind sinnlos, wenn nicht auch der Gesamtrhythmus des Essens und Trinkens dauerhaft umgestellt wird.

Essen und Trinken, Verdauen und Ausscheiden sind nicht nur körperliche Vorgänge. Sie sind darüber hinaus auch für die Seele und den Geist wichtig. „Der Mensch ist, was er isst", sagt eine Volksweisheit. Man kann hinzufügen: Auch *wie* jemand isst, lässt Rückschlüsse auf sein Leben zu. Wer Lust und Freude am Essen hat, hat meist auch Freude am Leben. Wem das Essen nicht schmeckt, dem schmeckt auch das Leben nicht – und umgekehrt.

Wenn jemand in einer Familie lebt, kann er natürlich nicht allein seinen persönlichen Speiseplan und seine individuellen Essrhythmen verwirklichen – da muss vieles auf den Partner, auf die Kinder und auf deren Wünsche abgestimmt werden. Es ist sinnvoll, dass sich eine Familie zumindest auf einen Grundrhythmus einigt: auf bestimmte, immer wiederkehrende Essenszeiten. Menschen brauchen morgens eine Mahlzeit, dann eine zur Mittagsstunde – und eine dritte abends, aber nicht zu spät. Dieser Essensrhythmus ist keine modische Erfindung, sondern entspricht den körperlichen und seelischen Bedürfnissen der Menschen. Es geht um eine alte Erfahrung, die den Menschen innewohnt und deren Beachtung ihnen gut tut.

Die Einhaltung dieser Zeiten bedeutet auch, dass – entgegen manchen Empfehlungen – auf ständig wechselnde Zwischenmahlzeiten verzichtet wird, weil sonst überhaupt kein echter Rhythmus zustande kommt.

Der Tag sollte morgens mit einer kräftigen Mahlzeit beginnen. Der Mensch braucht Energie, die er in den Tag mit hineinnimmt. Wie soll er körperlich und geistig anspruchsvolle Arbeiten erledigen, wenn er mit seiner Nahrung zu wenig Energie aufnimmt? Er kommt dann überhaupt nicht in Schwung.

Heute wird allerdings nur noch selten kräftig gefrühstückt. Häufig trinkt man morgens nur einen schnellen Kaffee, schlingt hastig einen Happen hinunter – und dann geht es zur Arbeit. Bei vielen Berufstätigen ist nicht einmal das Mittagessen ausreichend, weil sie sich dafür oft zu wenig Zeit nehmen oder weil es in der Kantine oder aus der Aktentasche nicht so schmeckt wie am gedeckten Tisch.

Die wesentliche Nahrungsaufnahme geschieht somit am Abend – und das ist, jedenfalls in unseren Breiten, nicht der ideale Rhythmus.

Eine Volksweisheit sagt: „Frühstücken wie ein König, mittags essen wie ein Graf – und abends wie ein Bettler." Richtig ist: Es tut dem Menschen nicht gut, wenn er nachts mit zu viel Unverdautem seinen Körper belastet.

Wichtiger als die Mengen, die man zu sich nimmt, und sogar wichtiger als die individuellen Essenszeiten ist der Essensrhythmus. Er sollte bewusst in den Tagesablauf integriert werden.

Bewusst genießen

Das Essen selber sollte man bewusst wahrnehmen: die verschiedenfarbigen Speisen auf dem Teller sehen, sie mit der Nase riechen, im Mund schmecken. Wer seine Happen hinunterwürgt, statt die Nahrung in Ruhe und genussvoll in sich aufzunehmen, verliert ein gutes Stück Lebensqualität. Er beachtet außerdem nicht, dass jede Nahrung in kleine und kleinste Teile zerlegt werden will, sonst bleibt sie unverdaulich.

Bewusstes und intensives Kauen ist auch ein sinnlich-geistiger Vorgang: Mit den Sinnen spürt man die Nahrung auf der Zunge und am Gaumen, wendet sie im Mund hin und her – und schluckt sie durch den engen Schlund hinunter. Kauen ist außerdem ein rhythmischer Vorgang, den man sehr bewusst vollziehen kann.

Dabei sollen Essen und Trinken nicht nur gut schmecken, sondern auch bekömmlich sein. Manches, was gut schmeckt, liegt wie ein Stein im Magen und im Darm, es kann nur schwer verdaut und ausgeschieden werden. Deshalb ist es wichtig, darauf zu achten, was auf den Teller und ins Glas kommt.

Der Körper verarbeitet alles. Deshalb sollte man bewusst darauf achten, was man dem Magen, der Leber, den Nieren und dem Darm zumuten kann. Man tut sich durchaus etwas Gutes, wenn man schon bei der Nahrungsaufnahme wählerisch ist. (Ein Mediziner hat einmal im Fernsehen demonstriert, was man z. B. zu Weihnachten alles in sich hineinstopft: Gänsebraten, Knödel, Rotkohl, Plätzchen, Stollen, Aal, Bratwürste, Rotwein, Kräuterlikör, Kuchen usw. usw. – in einem großen

Glasballon war alles durcheinander gemischt, was der Körper verdauen musste.)

Der Körper zerlegt beim Verdauungsprozess die Speisen und Getränke wie in einem Labor und holt sich das heraus, was er braucht. Leider nimmt er aber auch manches auf, was ihm schadet – oder er holt sich zu viel. Was dem Körper in der ersten Phase, auf dem gedeckten Tisch, gefällt, weil es schmeckt, wird oft in der zweiten Phase, beim Verdauen, und im dritten Teil, beim Ausscheiden, zum Problem. Daran denken viele nicht. Für sie ist Essen und Trinken beendet, wenn Teller und Gläser leer sind – dabei ist das nur der Anfang des Verdauungsvorgangs.

Der Speiseplan sollte aber nicht nur mit Blick auf die Verdaulichkeit zusammengestellt werden. Umgekehrt wäre es falsch, ohne Rücksicht auf die Verdaulichkeit zu essen und zu trinken. Das gute Maß und eine vernünftige Ausgewogenheit sind beim Essen und Trinken besonders wichtig.

Körper und Seele reinigen

Dabei kommt dem Trinken eine besondere Bedeutung zu, weil es sowohl die Verdauung als auch die Ausscheidung unnötiger oder schädlicher Stoffe fördert. Viele Menschen trinken jeden Morgen auf nüchternen Magen erst einmal ein Glas Wasser – eine wunderbare Art, die Verdauung in Gang zu bringen.

Fachleute empfehlen, viel zu trinken. Das ist richtig – trotzdem tun das nur wenige Menschen, weil sie es als lästig empfinden, dass sie alles auch wieder ausscheiden müssen. Die Flüssigkeit hilft nicht nur der Verdauung, sondern spült auch Giftstoffe aus dem Körper heraus, die sich sonst festsetzen und schaden. Eine berühmte indische Heilerin rät, dass die Menschen das trinken sollen, womit sie sich waschen – ein origineller Hinweis darauf, dass der Flüssigkeitsbedarf nicht allein mit Kaffee, Bier oder Wein gedeckt werden soll. Trinken stillt den Durst, doch es ist zugleich auch ein Mittel zur inneren Reinigung – ein spiritueller Aspekt, der vielen nicht bekannt ist.

Schließlich hat auch der Prozess des Ausscheidens mit etwas Seelischem zu tun. Wer im Leben alles hinunterschluckt, nicht verdaut und seine Probleme bei sich behält, der wird auch Schwierigkeiten mit seinem Stuhlgang haben. Er ist häufig nicht in der Lage loszulassen, sich von etwas zu trennen.

Gemeinschaft - Essen, Sprechen und Schweigen

Wer nicht als Single daheim allein isst, sondern die Mahlzeiten im Kreis der Familie am Tisch einnehmen kann, genießt noch einen anderen Vorteil – Essen ist ja nicht nur eine Kalorienzufuhr, damit der Körper funktioniert. Das gemeinsame Essen hat einen hohen psychischen und sozialen Wert. Um den Tisch sitzen, vielleicht sogar zu Beginn des Essens das alte Ritual eines gemeinsam gesprochenen Gebetes, ruhige Gespräche mit dem Vater, der Mutter, den Kindern – so wird das Essen zu einem Ereignis, das von allen bewusst und mit Freude wahrgenommen wird.

In abgeschwächter Form ist dies sogar noch bei Geschäftsessen spürbar, die Manager oder Politiker in gelösterer Atmosphäre als sonst einander näher bringen können. Solche Arbeitsessen gleichen einem Ritual und lösen Probleme und Konflikte oft leichter als zähe Verhandlungen.

Beim gemeinsamen Essen ist – wie beim Atmen – einer mit dem anderen verbunden. Unbewusst erlebt sich jeder als ein Mensch, der in Beziehung steht mit seinem Tisch- und Essensnachbarn. Der Mensch ist ein soziales Wesen – auch beim Essen. Wer daheim immer nur allein isst, führt seinem Körper zwar Nahrung zu, aber ihm fehlt das Erlebnis, die Freude der Gemeinsamkeit und des Teilens.

Wenn ein gemeinsames Essen mit guten Tischgesprächen ein hoher sozialer Wert ist, wie vereinbart sich das mit der weisen Regel des heiligen Benedikt, der seinen Mönchen während des Essens Schweigen empfiehlt?

Tatsächlich sollen die Mönche bei Tisch nicht miteinander sprechen. Sie erleben das gemeinsame Mahl schweigend sehr bewusst – und während des Essens liest ein Mönch seinen versammelten Brüdern aus der Bibel, aus der Regel des Benedikt oder aus einem anderen Buch etwas vor. Die Mönche nehmen also, obwohl sie selber schweigen, neben der körperlichen auch geistige Nahrung auf. Für sie ist der Speisesaal ebenso ein sakraler Raum wie die Kirche. Das gemeinsame Essen ist ein heiliges Ritual, das den Menschen an Leib und Seele prägt.

Das Schweigen ist dabei nicht ein verbittertes Nicht-Reden, sondern die gewollte Entscheidung für ein gemeinsames Erleben – in diesem Fall für die Aufnahme von Essen und spirituellem Wissen. Wenn zwei Menschen zusammen in ein Konzert gehen, haben sie im Schweigen und Zuhören ein tiefes gemeinsames Erlebnis. Ähnliches passiert, wenn zwei Menschen schweigend ein Bild betrachten oder eine Wanderung machen, ohne zu sprechen.

Schweigen kann ein wunderbares Mittel der Kommunikation sein, wenn es nicht ein verbittertes Verstummen ist, sondern die bewusste Entscheidung für eine Phase der Gemeinsamkeit.

Eine Gemeinschaft kann wachsen, wenn die Menschen miteinander etwas tun, dabei aber bewusst schweigen. Das gilt nicht nur im Kloster, sondern für alle Gruppen, auch für Familien. Je mehr beim Essen gesprochen wird, desto mehr Zeit sollte man sich nehmen. Die Erfahrung zeigt, dass die Gespräche das Essen manchmal sogar eher verkürzen als verlängern. Denn beim Reden wird aus der Nahrungsaufnahme oft ein Verschlingen.

Viele Familien haben weder geregelte Zeiten noch passende Räume, um gemeinsam zu essen oder miteinander zu sprechen. Außerdem wird das Essen oft zur reinen Zweck-Kommunikation missbraucht: Wie geht es den Nachbarn? Wer hat den Hauseingang schmutzig gemacht? Sind die Lottozettel schon aufgegeben? Sinnvoller wäre es, sich schweigend zum Essen zusammenzusetzen – und vorher oder danach miteinander zu reden und die anstehenden Probleme zu lösen.

Überfülle und Übersättigung

Zwischen Essen und Trinken sowie der Aufnahme von geistigen und emotionalen Inhalten bestehen enge Zusammenhänge. In vielen Bereichen des Lebens hat sich so etwas wie eine Speicher-Kultur breit gemacht. In den Industrieländern des Westens gibt es nicht nur ein Überangebot an Nahrungsmitteln, sondern auch an Wissensinhalten. Und auch dieses Angebot muss „verdaut" werden. Sonst entstehen im körperlichen wie im geistigen Bereich Zivilisationskrankheiten.

Die Menschheit ist vollgestopft mit Wissen – wer will, kann sich sogar über die Funktionsweise der Eustachischen Röhre bei den Nasenaffen auf Borneo informieren. Die Menge an Informationen ist riesig, und jeden Tag kommt Neues hinzu. Alle vier Jahre verdoppelt sich weltweit das Wissen. Dank der gewaltigen elektronischen Speicher lassen sich die Informationen an jedem Punkt der Erde innerhalb von Sekunden abrufen.

Aber wir können dieses Übermaß an geistiger Nahrung nicht mehr verdauen, verarbeiten. Der Beruf des „Wissens-Managers" ist gefragt. Er soll diese Überfülle an Informationen gliedern und durch eine Ordnung möglichst vielen zugänglich machen. Fachleute prophezeien, dass wir alsbald sogar neuartige Methoden brauchen, um überflüssiges Wissen systematisch wieder zu vernichten, sonst wird der Einzelne verrückt – geistige Papierkörbe für die Menschen, Schüler wie Manager, Schreiner wie Professoren.

Auch die Seele isst und muss verdauen

Viele Menschen füttern sich aber nicht nur mit Essen und Wissen, sondern fressen auch (wie wir sagen) Ärger, Neid, Zorn, Missgunst, Geiz, Eifersucht, Hass oder Wut in sich hinein. Wenn diese Emotionen nicht aufgearbeitet und verdaut werden, bleiben sie in der Seele liegen – und auf Dauer wandeln sie sich um in Krankheiten. In der Sprache drückt sich es sich oft so aus: Ärger schlägt auf den Magen oder geht an die Nieren, jemand hat Wut im Bauch ...

Psychosomatiker sagen: Magen- und Darmgeschwüre, sogar manchmal auch Krebs, können das Ergebnis sein, wenn sich seelische Zustände im Laufe der Zeit „materialisieren". Schlechte Gefühle können in den Körper eindringen und Leib und Seele zerstören. Niemand kann vermeiden, dass negative Gefühle auftauchen – die Frage ist nur, wie man damit umgeht. Manche nehmen negative Gedanken gar nicht erst auf, andere verarbeiten sie sofort, indem sie sich damit auseinander setzen – in beiden Fällen werden die Emotionen nicht unverdaut mit herumgeschleppt. Wer das schafft, kann sich freuen: Ihn bedrückt nichts, Unverdautes bläht ihn nicht auf.

Wer jedoch negative Emotionen in sich trägt – wie kann er sie wieder loswerden, damit sie sich nicht in Krankheiten umwandeln? Auch hier gilt: Am besten ist es, wenn dieser Mensch wieder einen regelmäßigen Rhythmus beim Essen und Verdauen findet. Viele schütteln den Kopf und glauben nicht, dass die Rückkehr zur Regelmäßigkeit wirklich hilft. Aber einen sinnvollen Essensrhythmus, zu dem auch das Fasten gehören kann, empfehlen weise Menschen wie Hildegard von Bingen und der heilige Benedikt als wirksames Heilmittel. Die Gesundung an Leib und Seele beginnt demnach auf der körperlichen Ebene, indem zuerst ein guter Rhythmus beim Essen und Trinken gefunden wird.

In diesem Zusammenhang geht es sehr oft auch um Ängste.

Zu den frühesten Erfahrungen schon eines Säuglings gehört die Nahrungsaufnahme: Er hat Hunger, also schreit er, bis er etwas erhält, und dann geht es ihm gut. Diese Erfahrung prägt. Wer hungern musste, nimmt in sein späteres Leben die Angst mit, dass er nicht genug bekommt. Ein Mensch, der als Kind schlecht mit Essen versorgt wurde, hat später Mühe mit seinem Leben – aus Angst, zu kurz zu kommen. Menschen, die im Krieg hungern mussten, sind später kaum in der Lage zu fasten. Dabei sind die Grundbedürfnisse des Menschen gar nicht so groß – doch die Vorstellung, dass nicht genug vorhanden sein könnte, erzeugt Angst. Wer dagegen seine Balance gefunden hat und weiß, dass ihm sein Besitz zum Leben reicht, wird nicht habgierig sein, nicht neidisch, nicht eifersüchtig. Er ist sich seiner selbst sicher.

Daher ist es wichtig, bei Problemen mit dem Essen und bei Verdauungsschwierigkeiten den Aspekt der Angst zu bedenken – nur wenn das Problem psychisch gelöst wird, kann es auch im Körper verschwinden.

Angst ist das Gegenteil von Liebe und Vertrauen. Ein Kind entwickelt dieses Urvertrauen in der Beziehung zu Mutter und Vater. Darin liegt eine Basis des Gottesglaubens. Im Vertrauen zu Gott fühlt sich der Mensch sicher und geborgen. Er kann ohne Existenzangst leben und wird nicht in die Verunsicherung gestürzt, wie es morgen und übermorgen weitergeht – Gedanken, die seinen Lebensrhythmus stören.

Eucharistie und Urvertrauen

In der christlichen Religion wird in der Eucharistie-Feier dieses Urvertrauen im Symbol des heiligen Mahles gestärkt: Gott sättigt den Menschen, der sich dann um seine verletzliche Existenz keine Sorgen mehr machen muss. Es gilt, diese elementare symbolische Wirklichkeit wieder zu entdecken: Das Ritual der Eucharistie ist Gottes Zusage, dass der Mensch gesichert ist. Deshalb ist das Abendmahl die vielleicht wichtigste religiöse Handlung, weil durch diese Feier geistig-seelische Sicherheit vermittelt wird.

Wer keine religiöse Bindung hat und das Ritual der Eucharistie nicht kennt, muss sich – es bleibt ihm nichts anderes übrig – diese Sicherheit in anderen Lebensbereichen suchen. Doch nur materielle Absicherungen sind ein ungenügender Ersatz. Im rituellen Mahl kann der Mensch erfahren, dass in ihm und in der Schöpfung eine göttliche Kraft wirkt, die ihn bedingungslos annimmt und versorgt.

Dieses heilige Mahl als eine rituelle Handlung gibt es in fast allen Religionen. Es bedeutet weniger eine Sättigung als vielmehr die Aufnahme von Leben und Spiritualität. Die großen Religionsstifter haben also die normale Essenszeremonie verwandelt in eine spirituelle Erfahrung. Sogar das Fasten, das in den Religionen eine ritualisierte Form des Essens ist, gehört dazu.

Der Christ erlebt dieses Geschenk in der Eucharistie: Gott selbst gibt sich als Nahrung für die Welt und den Menschen.

Schlafen und Wachsein

Zu den elementarsten Rhythmen im menschlichen Leben gehört der Wechsel von Tag und Nacht, von Schlafen und Wachsein. Der heilige Benedikt sagt in seiner Regel, die Mönche sollten ihren Tagesablauf und die Nacht so gestalten, dass sie ausgeruht aufstehen können. Benedikts Askese ist also vernünftiges Leben, sie darf nicht zur Qual werden. Das erfordert unsere Aufmerksamkeit für den Schlaf- und Wachrhythmus.

Es gibt Phasen der Übermüdung, in denen man zwar nicht schläft, aber auch nicht mehr richtig wach wird und nur noch „funktioniert". Wach zu sein bedeutet dagegen: sich seiner bewusst zu sein, innere Ruhe zu verspüren und nicht permanent angespannt oder abwesend zu sein. Wer wirklich wach ist, ruht in sich und ist ausgewogen. Wer das nicht ist, reagiert aufgeregt, manchmal auch aggressiv – und ist außerdem bei der Arbeit und in der Freizeit ständig unfallgefährdet.

Man kann also auch die Augen offen haben und trotzdem nicht wirklich wach sein – ein wenig wie bei Autofahrern, wenn sie in den gefürchteten Sekunden-Schlaf fallen, obwohl sie scheinbar wach am Steuer sitzen.

Ideal ist ein Rhythmus mit acht Stunden Arbeit, acht Stunden Schlaf – und acht Stunden Zeit für die übrigen Dinge im Leben. Es kommt nicht darauf an, dass man sich auf die Stunde genau an diesen Rhythmus hält. Aber jeder kann in sich ein Gespür für seinen Grundrhythmus entwickeln. Je regelmäßiger der Rhythmus von Arbeit, Schlaf und freier Zeit ist, um so gesünder ist er für den Körper und die Seele. Rhythmus prägt das Leben und schenkt Wohlbefinden und Effizienz bei allem, was man tut.

Der Schlaf – ein wichtiger Teil des Lebens

Weil der Mensch täglich acht Stunden schläft, sagen viele: Man verschläft ein Drittel seines Lebens. Oft sehen die Menschen ihren Schlaf nicht als eine wichtige Zeit der Lebensgestaltung an, sondern als notwendiges Übel. Aber das ist falsch, weil im Schlaf – wenn auch unbewusst – etwas Wichtiges passiert. Der Schlaf ist sowohl für den Leib (Ruhe für den Körper) als auch für die Seele (Träume) Erholung und Regeneration. Der Mensch mit seiner durchschnittlichen Lebenserwartung von fünfundsiebzig Jahren liegt fünfundzwanzig Jahre im Schlaf, und dabei macht sein Körper bedeutende, ja lebenswichtige Prozesse durch. Es ist jedoch bedeutsam, welcher Art der Schlaf ist. Manche nehmen Schlaftabletten und versinken in eine Art Bewusstlosigkeit – das ist kein echter Schlaf, sondern eine Betäubung. Denn Schlaf ist ein aktiver Zustand des Körpers, in dem er entspannt ist, träumt und sich regeneriert.

Schlafen ist ein unbewusster Zustand, Wachen ein bewusster. Der Mensch braucht beide Zustandsformen. Zum Beispiel ist es wichtig, dass der Mensch träumen kann und lernt, mit seinen Traumbildern umzugehen.

Wie bedeutend der Wach- und Schlafrhythmus für den Menschen ist, wird auch klar, wenn man bedenkt, dass eine der brutalsten Foltermethoden der Schlafentzug ist.

Schlaf ist also nicht „nichts", sondern ein wichtiger Teil des Lebens. Er muss nicht zusammenhängend an einem Stück erfolgen, sollte jedoch einem Rhythmus unterliegen. Zum Beispiel hat der heilige Benedikt am Mittag – typisch italienisch – eine Siesta angeordnet, die Mittagsruhe. Für Nordeuropäer ist das sicherlich nicht so wichtig. Der Wach- und Schlafrhythmus kann je nach geographischem Lebensraum, je nach Klima und Menschentypus ganz unterschiedlich sein.

Welcher Rhythmus für ihn gut ist, kann jeder selbst herausfinden, wenn er auf die Zeichen seines Körpers und seiner Seele achtet. Signale für Unausgeschlafenheit sind z. B. Schweißausbrüche, Unruhe, Nervosität oder schlechte Laune.

Traum-Erfahrungen
In der Bibel heißt es: Den Seinen gibt's der Herr im Schlaf! Das bedeutet, dass im Schlaf etwas Grundlegendes für den Menschen geschieht. Oft werden Gotteserfahrungen geschildert: In Schlaf- und Traumerfahrungen erlebt der Mensch eine transzendente Wirklichkeit. Sogar Alpträume können hilfreich sein, weil dadurch Angstzustände und Traumata aufgearbeitet werden.

Deshalb ist es gut, sich seine Träume aufzuschreiben. Ein Zettel und ein Bleistift auf dem Nachtkästchen helfen, dass die Träume nicht verloren gehen. Im bewussten Zustand kann man sich dann damit auseinander setzen. Man muss sich nicht jeden Traum sofort erklären können, vielleicht braucht es dazu einige Zeit – dazu kann man den Traum immer wieder herholen und ihn bewusst machen.

Der Traum ist ein Tiefenfenster in die Seele. Hilfreich ist es, wenn man Traumsymbole verstehen lernt, weil sich dann die Botschaften, die im Schlaf gegeben werden, besser entschlüsseln lassen. Es gibt Kulturen, die sich auf Träume spezialisiert haben. Die australischen Ureinwohner, die Aborigines, hatten „Traumfänger", das waren Wurzelgebilde, die sie in ihren Behausungen aufhängten, um die Träume einzufangen. Oder auf einer asiatischen Insel erzählen sich Kinder ihre Träume – und daraus nehmen sie eine große Kraft mit in ihr Leben hinein. Es ist ganz erstaunlich, wie viel man erfahren kann, wenn man sich mit seinen eigenen Träumen auseinander setzt – es ist gar nicht unbedingt notwendig, sie einem Psychoanalytiker zu erzählen.

Eine wunderbare Möglichkeit, sich in den Schlaf zu begeben, ist auch der Wunsch nach einem bestimmten Traum. Manche halten das für ein Hirngespinst, aber Therapeuten haben damit bei ihren Patienten schon wahre Wunder bewirkt. Wer tagsüber ein Problem hatte, das am Abend immer noch ungelöst ist, kann vor dem Einschlafen darum bitten, dass er einen Traum erlebt, der ihm dazu ein Lösungsmodell zeigt. Oft steht dieser Mensch am nächsten Morgen auf und weiß, wie er handeln muss. Ein Zustand der „inneren Gewissheit" ist über Nacht bei ihm eingetreten – häufig löst er sein Problem anders, als er es allein mit dem Verstand getan hätte. Und es ist eine alte Volksweisheit, dass man über ein Problem erst einmal eine Nacht schlafen soll, bevor man sich entscheidet.

Leider ist die Schlafphase für viele Menschen eine ungenutzte Zeit, weil sie dem Leben scheinbar nicht hilft. Dabei ist der Schlaf eine Chance, sich für bestimmte Entscheidungen innere Gewissheit zu verschaffen.

Schlaf- und Einschlaf-Rituale

Zum guten Schlaf gehört als Erstes ein guter Schlafplatz. Jeder braucht einen Schlafplatz, an dem er sich wohl fühlt. Wenn ein Mensch fünfundzwanzig Jahre, ein Drittel seines Lebens, an einer bestimmten Stelle im Haus schläft, ist klar, wie viel Sorgfalt er verwenden sollte, um „seinen" Schlafplatz zu finden, ihn sinnvoll einzurichten und zu gestalten. Wasseradern, Störzonen und Erdstrahlen sind dabei sicher nicht die einzigen Faktoren, die entscheiden, ob man an einem Platz ruhig und tief schläft oder nicht. Deshalb ist es gut, zu spüren und nachzufühlen, wo man gut schlafen kann. (Ebenso sollte man freilich auch eine Sensibilität dafür entwickeln, welche „Wach-Plätze" gut tun.)

Jeder Mensch hat seine Schlafrituale. Der eine legt sich auf eine bestimmte Seite, er drückt das Kissen auf seine Art, liest vor dem Einschlafen – das sind (mehr oder weniger bewusste) Einschlafrituale. Kinder brauchen oft ihre Einschlafmusik, den Teddybären oder die Gute-Nacht-Geschichte. Auch Erwachsene haben solche Rituale. Viele kennen das alte Ritual des Nachtgebets. Mit diesem Ritual nimmt der Betende bewusst Beziehung auf zu sich selbst, zu seinem Denken und Handeln, zu den Menschen und zu Gott. Er fühlt sich geborgen und kann sich vertrauensvoll in den Schlaf begeben.

Der heilige Benedikt empfiehlt in seiner Regel, dass die Mönche vor Sonnenuntergang „Frieden schließen" sollen – mit sich selber, mit anderen Menschen und Dingen. Das bedeutet nicht, schnell einen faulen Kompromiss einzugehen, etwas zu verdrängen oder abzuschieben, sondern mit dem Problem für heute Frieden zu schließen. Auf diese Weise wird nichts Ärgerliches, Böses oder Ungelöstes mit in den Schlaf hineingenommen.

Die Benediktinermönche im Kloster Gut Aich am Wolfgangsee beten am Anfang ihres Nachgebets:

„Angelangt am Ende dieses Tages,
lege ich mich und mein Leben
mit all seinen Höhen und Tiefen,
Licht- und Schattenseiten,
vertrauensvoll in die Hände Gottes.
Ich versöhne mich mit mir,
mit meinen Brüdern und Schwestern,
mit Gott und allen Ereignissen dieses Tages.
Ich bitte darum, dass der Friede der Nacht
in mein Herz einkehren möge."

Ein Nachtgebet muss kein vorformuliertes Gebet sein. Auch in Gedanken oder in einem Zwiegespräch kann man sich einer transzendenten Wirklichkeit öffnen.

Vor dem Einschlafen kann es hilfreich sein, wenn man sich seiner eigenen Schutzgeister, der Engel, bewusst wird. Sie anzurufen gibt Vertrauen, während man vom Zustand des Bewussten in den des Unbewussten hinüberwechselt. So schützt man seinen Schlaf mit positiven geistigen Kräften.

Es ist sinnvoll, Einschlaf-Rituale zu erlernen. Zum Beispiel kann man vor dem Einschlafen in Gedanken um sich herum einen „Licht-Schutzraum" aufbauen. Man stellt sich eine Lichtkuppel vor, die einen beschützt und behütet. Menschen, die so handeln, können wirklich besser schlafen. Wer sich allerdings kurz vor dem Einschlafen von bösen Kräften verfolgt sieht, wird vermutlich eine unruhige Nacht haben. Ähnlich geht es denen, die mit tausend Problemen und düsteren Geschäftszahlen von der Arbeit heimkommen und sich mit diesen Horrorbildern ins Bett legen.

Eine weitere befreiende Erfahrung vor dem Einschlafen ist ein Schuldbekenntnis mit der Zusage der Vergebung. Schon im alltäglichen Umgang ist dies sehr hilfreich. Wer gegenüber einem Menschen einen Fehler gemacht hat und dann von ihm Versöhnung und Verzeihung erfährt, kann sehr viel leichter zum inneren Frieden finden. Anerkennen und Bekennen von Schuld sind kein Zeichen von Schwäche, sondern von Stärke und Menschlichkeit. Oft allerdings ist der betroffene Mensch nicht da oder das Ereignis liegt weit zurück. In diesem Fall gibt es nur den Weg, sich an Gott zu wenden – nun kann ich vertrauensvoll meine Schwächen, meine Fehler und mein Versagen bekennen. Gott rechnet mir meine Schuld nicht vor, sondern schenkt Verzeihung, neues Leben und Frieden. Ein solcher Schritt fordert jedoch Wahrhaftigkeit und Vertrauen – und den Glauben an einen gütigen Gott, der immer Leben schenken will.

Auch Autogenes Training oder andere Entspannungsübungen sind Möglichkeiten, in den Schlaf hineinzugehen.

Wichtig vor dem Einschlafen ist es, Bilder, die einen tagsüber bedrängt und beschäftigt haben, loszulassen. Man macht sich das Problem bewusst und entscheidet, dass man es jetzt nicht lösen will und kann – am nächsten Morgen kann man es wieder herholen und vielleicht bewältigen, aber nicht in dieser Stunde. Man gibt das Bild sozusagen zurück und lässt es los.

Es gibt viele Formen, das Einschlafen zu gestalten. Wichtig ist, sich überhaupt ein Ritual zu Eigen zu machen – als bewussten Abschluss des Tages und an der Schwelle zum unbewussten Zustand des Schlafes.

Das Wachsein

In den zwei Dritteln seiner Lebenszeit, in denen er wach ist – ein Drittel als Pflicht (Arbeit), ein Drittel als Kür (freie Zeit) – nimmt der Mensch sich und die Welt wahr. Er gebraucht dazu seine Sinne – er sieht, hört, riecht, schmeckt und tastet –, sonst geht er sinn-los durch den Tag: Es ist sicher kein Zufall, dass unsere Sprache die „Sinne", durch die wir wahrnehmen, und den „Sinn" unseres Lebens mit demselben Wort bezeichnet.

Wer wach ist, ist offen. Wir sagen zum Beispiel, dass jemand ein „offenes Ohr" hat. „Höre" ist auch das erste Wort der Regel des heiligen Benedikt. Hören, Offenheit, Aufmerksamkeit und Wachsein gehören zusammen.

Dieses Wachsein, diese Offenheit muss allerdings immer wieder eingeübt werden. Und es muss durch einen passenden Rhythmus gestützt werden. Nur wer sich aufmerksam und bewusst bewegt, und zwar in einem Rhythmus, der der Sache und den Umständen angemessen ist, ist wirklich wach. Wenn etwas zu schnell geht, wird man müde – ebenso, wenn es zu langsam abläuft.

Störungen im Zeitrhythmus

Wenn Wachsein und Schlafen ihren Rhythmus haben, ruht der Mensch in sich – aufmerksam und in Ruhe geht er seinen Weg. Viele Menschen bringen jedoch keine Regelmäßigkeit in ihr Leben, weil sie Arbeiten verrichten, die diesen Rhythmus stören. Ständig wechselnde Arbeitszeiten lassen nicht zu, dass sich Körper und Seele in einen gleich bleibenden Rhythmus einschwingen können. Manchmal gehen die wechselnden Arbeitszeiten noch einher mit anderen Rhythmus-Störungen: Flugkapitäne, Stewardessen, aber auch Geschäftsreisende und Urlauber müssen zusätzliche Belastungen aushalten, wenn sie auf ihren Langstreckenflügen dauernd quer durch die Zeitzonen „düsen". Dann kann die Balance zwischen Wachsein und Schlafen völlig durcheinander geraten.

Ein Urlauber, der eine Fernreise plant, sollte sich dafür mindestens drei Wochen Zeit nehmen, damit sein Körper die Zeitumstellung ausgleichen kann. Wer dagegen schnell für ein verlängertes Wochenende nach New York oder Thailand fliegt, kann sich kaum wirklich erholen, weil er dauernd mit seinem Zeitrhythmus zu kämpfen hat. Ihm fehlt die Zeit, die notwendig ist, damit sein Körper und seine Seele den plötzlich zerstörten Wach- und Schlafrhythmus wieder ausbalancieren können.

Natürlich kann auch ein Nachtarbeiter einen Rhythmus finden, aber das ist schwer. Ein Drucker, der ein ganzes Leben lang jede Nacht die Zeitung druckt, kann in diesen veränderten Rhythmus hineinfinden, wenn er ihn immer beibehält. Dann verläuft sein Leben zwar nach einer anderen Uhr, aber mit großer Regelmäßigkeit. Er kann sich an diesen Rhythmus gewöhnen, ohne dass sein Körper und seine Seele beschädigt werden. Dagegen sind Schichtarbeiter mit ständig wechselnden Arbeitszeiten sehr gefährdet. Frühschicht, Mittagsschicht, Nachtschicht – auf die Dauer kann der fehlende Rhythmus das gesamte Lebensumfeld zerstören: die eigene Gesundheit, das Zusammenleben mit der Familie und mit Freunden.

Auch Menschen mit normalen Arbeitszeiten sollten darauf achten, dass ihr Arbeitsrhythmus nicht dadurch beliebig wird, dass sie ihre Pausen immer zu anderen Zeiten machen. Es ist für den Rhythmus wichtig, dass Arbeit und Ruhepausen gut eingeteilt werden und dass möglichst immer zur gleichen Zeit eine Pause gemacht wird. Wenn man sieben oder acht Stunden durcharbeitet, ohne Ruhepause, ohne etwas zu essen und zu trinken und ohne mit anderen Menschen zu reden – dann kann natürlich kein Rhythmus entstehen.

Der Tag- und Nachtrhythmus zeigt uns, dass unser Leben mehrdimensional ist. Es gibt eine bewusste und eine unbewusste Seite. Wir brauchen Aktivität, und wir brauchen Ruhe. Das Leben ist nicht eintönig, sondern – wie ein Musikstück – polyphon. Es kann gut gelebt werden, wenn die Instrumente in Takt und Rhythmus miteinander harmonieren.

Die chinesische Organuhr

Der menschliche Körper hat einen Rhythmus. Zu den elementarsten gehört der Rhythmus von Wachen und Schlafen, von Tag und Nacht. Aber auch diese Phasen sind noch einmal rhythmisch gegliedert: Zu bestimmten Wachphasen sind wir vitaler als zu anderen, und auch im Schlaf wechselt der

Körper seinen Zustand. Wir kennen Tiefschlafphasen und Zeiten, in denen wir nur flach schlafen.

Tiere leben ebenfalls nach Rhythmen. Von der „Vogeluhr" wissen wir: Bestimmte Vögel erwachen morgens immer zur selben Zeit und beginnen zu singen, zu zwitschern oder zu pfeifen, andere stimmen später in das Konzert ein, so dass sich ein rhythmischer Zusammenklang entfaltet.

Lange vor unserer Zeitrechnung haben die Chinesen beobachtet, dass auch die Organe und ihre Funktionen einem immer wiederkehrenden Rhythmus unterworfen sind.

Das chinesische Menschenbild geht davon aus, dass den Körper zwölf Meridiane, eine Art Energielinien, durchlaufen. Diese Meridiane stehen in enger Verbindung mit den inneren Organen und dem Kreislaufsystem. Die Meridiane werden in den 24 Stunden eines Tages nacheinander – in immer derselben Abfolge – jeweils für zwei Stunden intensiver als zu den sonstigen Zeiten von Lebensenergie durchflutet. Die zwölf Meridiane sind also zu bestimmten Stunden, so genannten Maximalzeiten, besonders aktiv – und diese Kraft überträgt sich auch auf das Organ, das dem Meridian zugeordnet ist. Die Chinesen nehmen an, dass in den zwei Stunden, in denen die Meridiane am meisten Lebensenergie besitzen, auch die entsprechenden Organe und Gewebestrukturen am stärksten aktiviert sind. Nach Ablauf dieser zweistündigen Phase geht die Kraft auf den nächsten Meridian über – wieder mit der entsprechenden Wirkung auf das jeweilige Organ. Dieser Kreislauf setzt sich im stets gleichen Rhythmus den ganzen Tag über fort.

Bei den Meridianen handelt es sich um die gleichen Energielinien, die auch in der Akupunktur genutzt werden. Mit Nadeln werden dabei die fließenden Lebensenergien an bestimmten Punkten gezielt verbunden, getrennt oder gereizt, um im Körper Reaktionen auszulösen – um Schmerzen zu lindern, Organe und Drüsen anzuregen, Krankheiten zu heilen. Die Akupunktur-Behandlung der Chinesen resultiert ebenfalls aus den Beobachtungen, die beim Rhythmus der Organe gemacht wurden.

Allerdings kennt die Organuhr weder eine Sommer- noch die Winterzeit – genauso übrigens wie die Vögel, die sich auch nicht nach dieser künstlichen Zeitumstellung richten.

Die chinesische Organuhr fängt nicht um Mitternacht an, sondern bereits eine Stunde vorher. Der erste Zwei-Stunden-Zyklus beginnt um 23 Uhr mit der Gallenblase. Um 1 Uhr folgt die Leber, dann um 3 Uhr die Lunge. Von 5 bis 7 hat der Dickdarm seine aktivste Phase, von 7 bis 9 Uhr der Magen, dann von 9 bis 11 die Milz und die Bauchspeicheldrüse, über die Mittagsstunde von 11 bis 13 Uhr das Herz. Der Dünndarm folgt um 13 Uhr, dann die Blase um 15 Uhr, die Niere um 17 Uhr. Das gesamte Kreislaufsystem ist von 19 bis 21 Uhr am aktivsten – und in den letzten beiden Stunden bis 23 Uhr arbeitet ein Organ besonders intensiv, das die Schulmedizin gar nicht kennt: der „dreifache Erwärmer" – eine Art Akku des Lebens, der den Körper mit Energie versorgt.

Die Schlussfolgerung, die man aus dieser chinesischen Organuhr ziehen kann, ist einfach und kompliziert zugleich: Bei Schmerzen und Störungen, die bei einem Menschen immer zur selben Zeit auftreten, sollte auch der Blick auf die Organuhr nicht vergessen werden. So wird zum Beispiel aus dem Organrhythmus die Empfehlung abgeleitet, eine Arznei kurze Zeit vor der höchsten Aktivität des jeweiligen Organs einzunehmen. Oder wenn man weiß, dass die Leber ihre beste Arbeit kurz nach Mitternacht von eins bis drei verrichtet, dann sollte man sich vielleicht gut überlegen, ob der letzte Schnaps vor der Polizeistunde noch sinnvoll ist oder ob damit die Leber in ihrer Maximalzeit unnötig belastet wird.

Allerdings warnt Professor Dr. Erich Stiefvater (in einer Studie zur Rhythmik des menschlichen Verhaltens und Befindens) auch vor einer zu schnellen und zu einfachen Anwendung: „Die scheinbare Einfachheit … darf nicht dazu verleiten, zu bestimmten Stunden auftretende Symptome direkt auf die diesen Stunden zugeordneten Organe zu beziehen und somit voreilige Diagnosen zu stellen. Man kann ein auf Analogien beruhendes naturphilosophisches System nicht mit einem kühnen Sprung über unbekannte Zwischenstufen hinweg auf die Ebene der Anatomie und Physiologie von heute übertragen. Man muss prüfen, worin das Alte mit dem Neuen übereinstimmt, und man muss über Gründe nachdenken, warum einige Fakten zusammenpassen und andere nicht. Und man muss versuchen, die im alten System gegebenen wertvollen Beobachtungen mit dem (unübersehbaren und für die ärztliche Praxis oft unbrauchbaren) Detailwissen von heute zu verbinden."

Jedes Organ hat eine beste Zeit

Viele Schulmediziner empfehlen heute, nach 17 Uhr kein rohes Obst oder Gemüse mehr zu essen, weil es den Organismus zu sehr belastet. Das stimmt überein mit der chinesischen Organuhr, nach der frisches Obst auf seinem Verdauungsweg durch den Körper sonst eben nicht zu der Zeit im Dickdarm ankommt, der ideal wäre, nämlich morgens zwischen 5 und 7 Uhr. Der heilige Benedikt legt im Abendland in seiner Klosterregel fest, dass die Mönche das Nachtessen so halten sollen, dass man dazu kein künstliches Licht braucht. Es war sicher nicht nur Sparsamkeit, die zu dieser Regel führte, sondern auch das Wissen, dass der Körper zu einer bestimmten Zeit nicht mehr zu sehr belastet werden darf.

Der Magen wiederum ist entsprechend der Organuhr früh zwischen 7 und 9 Uhr aktiv – die richtige Zeit für ein ordentliches Frühstück. Die bereits zitierte Volksweisheit „Frühstücken wie ein König, mittags essen wie ein Graf und abends wie ein Bettler" hat also in der chinesischen Organuhr eine verblüffende Entsprechung.

Was wir von den Beobachtungen der Chinesen lernen können, ist das Gespür für den Rhythmus des Körpers. Zu gewissen Zeiten dürfen wir bestimmte Dinge nicht tun, weil wir sonst unseren Organismus überfordern. Auch die Einnahme von Medikamenten könnte sich stärker an den aktiven Stunden der betreffenden Organe orientieren.

Andererseits wäre es übertrieben, wenn man wie ein Hypochonder dauernd in die innere Organuhr hineinhorcht, ob es dem Darm oder dem Magen, der Lunge oder dem Herz gut geht. Die Aufzeichnungen der Chinesen können aber dazu beitragen, dass wir ein gutes Gefühl für den inneren Rhythmus unserer Organe bekommen.

Die sieben Ebenen des Leibes

Zwischen den Emotionen des Menschen und den Organen seines Leibes gibt es Zusammenhänge, die wahrscheinlich sehr viel enger sind, als manche glauben. In einem komplexen, vernetzten System von leiblichen Funktionen und seelischen Zuständen können Gefühle Krankheiten auslösen – und umgekehrt ist es möglich, dass der Mensch mit der Heilung eines Organleidens auch seine Gefühlswelt wieder in Harmonie bringt.

Dabei bestehen vermutlich zwischen den einzelnen Organen und bestimmten Emotionen ganz konkrete Verbindungen.

Daher ordnen wir jeder der sieben „Ebenen" des Leibes eine seelische Grundhaltung zu. Auch bei diesen Grundeinstellungen kommt es wieder darauf an, das rechte Maß, eine rechte Mitte zu finden.

Der Kopf: Selbstbewusstsein – zwischen Stolz und Demut

Im Kopf können wir das Denken, das Wissen und die Fähigkeit zur Koordination organisch ansiedeln. Dieser Ebene ordnen wir eine seelische Grundhaltung zu, die mit dem Selbstbewusstsein zu tun hat. Selbstbewusstsein ist beim Menschen die goldene Mitte zwischen den zwei Extremen Stolz und Minderwertigkeitsgefühl. Der Stolze bläht sich auf und überschätzt sich, beim Minderwertigkeitsgefühl macht sich der Mensch klein – ein Zustand, der mit Demut übrigens nichts zu tun hat.

Das rechte Maß, die Mitte, das Selbstbewusstsein ist jedoch kein statischer Zustand. Der Mensch bewegt sich zwischen den beiden Polen ständig hin und her. Manchmal traut er sich weniger zu, als er wirklich kann – und manchmal neigt er zur Überheblichkeit. Das Pendel schwingt hin und her. Das ist durchaus menschlich, denn keiner ist vollkommen. Ideal wäre es, stets selbstbewusst in der eigenen Mitte ruhen zu können – mit den Stärken wie mit den Schwächen, die einem bewusst sind und die man akzeptiert.

Bei vielen Menschen ist es anders. Sie leben selten in ihrer Mitte, sondern pendeln mehr zu den Polen hin, so dass ihr Selbstbewusstsein gestört wird. Wenn jemand, oft von einer Sekunde auf die andere, errötet, dann ist oft Stolz oder ein Minderwertigkeitsgefühl die Ursache. Mit Störungen des Selbstbewusstseins hat es oft auch zu tun, wenn Menschen sehr viel Wert auf ihr Äußeres legen. Manche Männer leiden zum Beispiel unter einem Minderwertigkeitskomplex, wenn sie plötzlich eine Glatze bekommen. Dabei haben sie vielleicht wunderbare andere Eigenschaften, die viel wichtiger sind. Andere versuchen, jünger und dynamischer zu wirken, als sie sind – und färben die Haare.

Erwachsene sollten ihr Selbstbewusstsein nicht so einseitig auf ihr Äußeres verlegen, sonst nimmt mit zunehmendem Alter die Freude am Leben ab. Man darf sich vielmehr sagen: Lass deine Haare ruhig grau werden, das entspricht auch den übrigen Merkmalen eines in die Jahre gekommenen Körpers. Wenn dein Enkelkind auf dem Schoß sitzt und dich anstrahlt, dann sicher nicht in erster Linie wegen deiner schwarz glänzenden Haare.

Man sollte sich gelegentlich fragen: Wie steht es um mein Selbstbewusstsein? Bin ich zu stolz oder habe ich Minderwertigkeitsgefühle? Wenn es einem Menschen gelingt, sich allmählich von Stolz oder Minderwertigkeitsgefühlen zu befreien und selbstbewusst seine eigene Mitte zu finden, in der er ruhen kann, wird auch der Leib davon profitieren.

Die Sinnesorgane: Offenheit – zwischen Gier und Neid

Die zweite Ebene ist die der Sinnesorgane: Augen, Ohren, Nase, Mund. Sie funktionieren nur, wenn sie geöffnet sind. Dann sehen, hören, riechen und schmecken sie die Farben, Töne und Gerüche, die uns die Schöpfung darbietet.

Die menschliche Haltung, die dem entspricht, ist die Offenheit. Sie öffnet sich dem Leben, der Welt. Offenheit ist ein Idealzustand, den wir unvollkommene Menschen nicht zu jeder Stunde einhalten können. Oft geraten wir aus der Balance – und dann schlägt das Pendel nach links aus zur Gier oder nach rechts zum Neid. Das sind die beiden Pole, die die Offenheit stören.

Der Gierige schränkt seine Offenheit ein, weil er immer nur haben will, und zwar immer mehr. Die Sucht, immer mehr zu besitzen, treibt ihn geradezu dämonisch an. Sogar in der scheinbar harmlosen Neugier zeigt sich, wie der eigentlich sinnvolle Wissensdurst übertrieben werden kann: Der Neugierige, der Voyeur, zieht lüstern alles Neue zu sich heran – Gerüchte, Informationen, Beobachtungen. Eine Mäßigung der Neugier würde die Offenheit fördern.

Auf der anderen Seite steht der Neid als ein Zustand der Verschlossenheit. Zwar lebt der neidische Mensch nicht nur auf sich selbst bezogen, sondern schaut auf andere, aber er tut das nur, um zu sehen, ob sie mehr besitzen als er selber. Er vergleicht, wägt ab – immer mit der Angst, dass der andere mehr hat. Echte Kommunikation in Gedanken, im Gespräch oder beim Handeln gibt es nicht, weil er fürchtet, dass er von sich etwas abgeben muss. Wenn der Neider Kontakt zu einem anderen aufnimmt, entdeckt er das eigene Defizit.

Die Sinnesorgane können nicht arbeiten, wenn sie verschlossen sind – und bei der Seele ist es ähnlich: Sie lebt nicht wirklich, wenn sie sich verschließt. Neid und Gier sind die Feinde der Offenheit. Sie können auch körperliche Leiden erzeugen. Solche Menschen können sich nicht mehr freuen – Neid und Gier können die Freude am Leben zerfressen.

Der Schulterbereich: Freigebigkeit – zwischen Verschwendung und Habsucht

Die dritte Körperebene umfasst den Hals, die Schultern, die Arme und die Hände – jetzt geht es im übertragenen Sinn um die Freigebigkeit, das großzügige Geben. Wenn man seinen materiellen und geistigen Besitz ohne Sinn und Verstand verschleudert, wird die Freigebigkeit zur Verschwendung. Am anderen Pol steht die Habsucht. Der Habgierige übersteigert die Freude am Besitz, wird hartherzig und ist nur noch darauf aus, nichts herzugeben, alles allein und möglichst in Überfülle zu besitzen.

Beide Haltungen, Habsucht und Verschwendung, können krank machen. Spätestens dann ist es an der Zeit zu prüfen, ob das Verhältnis zum Geben und Behalten noch das rechte Maß hat.

Das Herz: Liebe und Barmherzigkeit – zwischen Depression und Aggression

Unter dem Schultergürtel liegt – genau in der Mitte der sieben Ebenen – das Herz. Es ist das Zentrum für Liebe und Barmherzigkeit. Jedoch besteht die Gefahr, dass sich der Mensch aus dieser wunderbaren Grundhaltung entfernt. Die beiden Extreme, zwischen denen er dann pendelt, sind einerseits die Depression oder Traurigkeit – und am anderen Pol die Aggression, die sich in Zorn und Hass verwandeln kann. Barmherzige Menschen verausgaben sich in ihrem unermüdlichen Eifer oft so sehr, dass sie – hilflose Helfer! – in Depressionen verfallen oder sogar aggressiv werden. Wer kennt in seinem Freundeskreis nicht jemanden, der alles tut für andere, aber aggressiv wird, wenn er für seinen Einsatz nicht das erwartete Lob erhält? Und wie oft schlägt eine enttäuschte Liebe um in Aggression und Hass!

Das lässt sich sogar vom Einzelnen übertragen auf die ganze Gesellschaft: Weil die Menschen ihre wirkliche Mitte, ihre Liebesfähigkeit, verloren haben, werden sie aggressionsbereit. Dabei ist die Aggression gar nicht einseitig negativ zu bewerten. Denn in der Aggression steckt auch die Kraft, die man braucht, um Gerechtigkeit durchzusetzen oder Schwache zu verteidigen. Erst wenn sie überzogen wird, entstehen aus ihr Bitterkeit und Hass.

Andererseits kommen auch Depression und Traurigkeit gesunden Gefühlen sehr nahe. Wer hat nicht selber Stunden der Trauer erlebt und geweint, weil eine gute Tat gescheitert ist? Aber wenn Traurigkeit oder Schwermut das rechte Maß verlieren, lähmen sie den Menschen. Das kann dann am Herzen einen körperlichen Ausdruck finden. Für die Gesundung kommt es dann darauf an, zurückzufinden zur eigenen Mitte, zu Liebe und Barmherzigkeit.

Der Magen: Das rechte Maß finden – zwischen Völlerei und Magersucht

Unter dem Herzen liegt die Ebene des Magens. Der Magen symbolisiert das rechte Maß. Wenn es nicht mehr vorhanden ist, kann der Mensch magersüchtig werden oder, auf der anderen Seite, Völlerei treiben. Oft ist es sinnvoll, dass jemand seinem Körper für eine bestimmte Zeit Nahrung vorenthält – zum Beispiel beim Fasten. Im Falle der Magersucht ist die Nahrungsverweigerung jedoch ein Akt der Selbstzerstörung.

Andererseits schlägt bei der Völlerei das Genießen des Essens in Fresssucht um. Auch hier kommt es wieder auf das richtige Maß an, das der Seele gut tut. Ein ausgewogener Rhythmus macht solche Menschen wieder gesund. Übertreibung schadet nur – alles zu seiner Zeit! Von der heiligen Theresa von Avila stammt die Lebensweisheit: „Wenn Fasten, dann Fasten, wenn Rebhuhn, dann Rebhuhn."

Die Verdauungsorgane: Gelassenheit – zwischen Trägheit und Hyperaktivität

Die nächste Ebene schließt alles ein, was im Bauch für gute Verdauung sorgt: Dünndarm, Dickdarm, Leber, Niere, Galle. Diese Organe symbolisieren beim Menschen innere Gelassenheit – sie ist die ruhende Mitte zwischen den Polen Hyperaktivität, in der eine gesunde Dynamik ins Maßlose übersteigert wird, und Trägheit, eine der Ruhe benachbarte Untugend.

Die inneren Organe brauchen für ihre Verdauungsarbeit sehr viel Ruhe. Wenn die Leber mit Alkohol überschüttet wird, dann wird ihr das langfristig schaden. Andererseits sind Verstopfungen im Darm ein Bild dafür, wie sich gesunde Ruhe in Trägheit verwandeln kann.

Gelassenheit, also das rechte Maß, bedeutet in dieser Ebene: der Mensch soll all das, was er – als physische oder geistige Nahrung – zu sich genommen hat, auch wieder loslassen können. Und Gelassenheit im Leben ist die beste Voraussetzung dafür, dass Krankheiten im Bauch vermieden werden. Sollten sie dennoch auftreten, dann kann der Mensch die Selbstheilung am ehesten einleiten, indem er bei sich selber die Überaktivität oder seine Trägheit abbaut und ein gutes Maß zwischen Aktivität und Ruhe findet.

Die Geschlechtsorgane: Die eigene Identität finden – zwischen „Besessenheit" und Verweigerung

In der unteren Körperebene, der siebenten, befinden sich die Sexualorgane. Hier liegt die Basis der Fähigkeit, sich hinzugeben – im sexuellen Sinne ebenso wie im seelischen Sinne: als eigenständige Person, die sich einem anderen schenkt.

Die Extreme auf dieser Ebene sind einmal die Verweigerung, also die Haltung von jemandem, der jede Beziehung zu anderen Menschen, zur Natur, zu Gott ablehnt, und die Besessenheit, die einen anderen Menschen, auch sexuell, total in den eigenen Besitz bringen will.

Bei Störungen auf der Sexualebene empfiehlt es sich, dass der Betroffene seine Identität, sein Verhalten als Mann oder Frau zum eigenen und anderen Geschlecht sehr genau prüft – und entsprechende Schlüsse daraus zieht. Wenn jemand von einem Menschen „besessen" ist oder sich ihm verweigert, wird er sich vermutlich in seiner Grundhaltung ändern müssen, sonst kann er krank werden.

Mit Spürsinn zur Mitte zurückkehren
Diese sieben Ebenen darf man schließlich nicht isoliert voneinander betrachten: Von den sieben Ebenen der Leib/Seele-Einheit stehen sechs – lediglich das Herz, das sich im Zentrum befindet, ist davon ausgenommen – untereinander noch in einer besonderer Beziehung. Denn die drei Ebenen über dem Herzen bilden mit einer der unteren jeweils ein Paar. Das bedeutet: Die Scheitelebene (Selbstbewusstsein) korrespondiert mit der untersten Ebene, wo die Sexualorgane sitzen. Wenn also jemand spürt, dass er in seiner Hingabefähigkeit (Ebene sieben) gestört ist, dann könnte der Grund dafür auch in der ersten Ebene, beim Selbstbewusstsein, zu finden sein. Ähnlich hängen die Ebenen zwei (Sinnesorgane) und sechs (Bauch) sowie die Ebenen drei (Hals/Schulter/Arme) und fünf (Magen) zusammen.

Das rechte Maß finden und zu seiner Mitte zurückkehren – leider ist es nicht ganz einfach!

Die Beziehungen zwischen einem körperlichen Leiden und einem bestimmten seelischen Zustand sind sehr kompliziert. Wer Schmerzen im Handgelenk hat, muss nicht gleich ein Verschwender sein – diese Interpretation wäre natürlich zu oberflächlich. Vielmehr sind solche Erkenntnisse eher als Hinweis zu verstehen, bei bestimmten Krankheitsbildern vielleicht auch auf Gefühlsstörungen zu achten, die mit dem Leiden zusammenhängen könnten.

In der Praxis ist es meist auch erforderlich, eine kompetente Person hinzuzuziehen, einen Arzt oder Psychotherapeuten, der die psychosomatischen Zusammenhänge erkennen kann.

Leben im Rhythmus

Rhythmus der Sonne, Rhythmus des Mondes

Sonne und Mond gestalten und beherrschen mit ihren unterschiedlichen Rhythmen das Leben der Menschen und das Leben auf der Erde überhaupt. Es gibt eine Tradition, die den Mann mit der Sonne und den Mond mit der Frau in Verbindung bringt. Es wäre aber oberflächlich, die Sonne mit ihrem männlichen Prinzip nur den Männern und den Mond mit seinem weiblichen Prinzip nur den Frauen zuzuordnen. Natürlich haben Mann und Frau unterschiedliche Erfahrungsweisen, aber jedes von beiden Geschlechtern hat auch Anteil an dem, was als typisch für das jeweils andere Geschlecht gilt. Aus der Polarität können Spannungen und Konflikte, aber auch Kreativität und Lebensfülle entstehen – die Beziehungen zwischen Mann und Frau sind vielfältig.

Diese oft gegensätzlichen Erfahrungen macht der einzelne Mensch auch in sich selber, denn in ihm bildet sich der Kosmos ab. Der Mann muss in sich seine männlichen *und* weiblichen Seiten entdecken und entfalten, genauso wie die Frau ihre weiblichen *und* männlichen Seiten entdecken und entwickeln muss, um ganz Mensch zu werden. So wie die Erde von beiden Rhythmen lebt, so lebt jeder Mensch von und mit beiden Seiten. Sie sind aufeinander bezogen und voneinander abhängig. Ihr unterschiedlicher Rhythmus gibt Lebenskraft, Dauer und Wandlung, bringt Wachsen, Werden und Vergehen. Sonne- und Mondrhythmus inkarnieren sich also gleichsam im Menschen und auf der Erde. In den Bildern des Kosmos und ihren Rhythmen kann man als Mensch lernen, wie im eigenen Inneren und in den Beziehungen zu Menschen und zur Schöpfung sich Leben entfalten kann. Je mehr man mit diesen kosmischen Lebensrhythmen in Einklang ist, desto mehr kommt man in Harmonie mit sich selbst.

Der Einfluss der Sonne

Den Einfluss der Sonne auf die Erde und die Menschen wird man wohl kaum bezweifeln können. Die Jahreszeiten und der Tageslauf werden durch sie bestimmt. Die Sonne regiert sozusagen den Tag und die Nacht. Sie scheint, auch wenn Wolken oder Nebel sie verdecken.

Ihr stetiges Strahlen gibt Sicherheit und Wohlbefinden. Manchmal können Depressionen einfach durch das Licht der Sonne geheilt werden. Und auch die grünen Pflanzen sind für die Photosynthese auf das Licht der Sonne angewiesen, auch sie leben davon.

Die Sonne ist ein Fixstern. Sie ist da und scheint. Der Wechsel von Tag und Nacht ergibt sich aus der Erdrotation: Nacht wird es nicht, weil die Sonne sich abwendet, sondern Nacht ist es auf der Seite der Erde, die von der Sonne weggewandt ist. In 24 Stunden dreht sich die Erde einmal um die eigene Achse. Und auch der Wechsel der Jahreszeiten resultiert aus dem Kreisen der Erde um die Sonne. Dieses Kreisen dauert 365 Tage, die deshalb ein Jahr bilden. Die Erde braucht die Sonne, die ihr Licht gibt, aber das Leben entwickelt sich nur in dem doppelten Rotationsrhythmus der Erde. Gäbe es die Bewegung nicht, würde das Leben auf der Erde erstarren oder verbrennen.

Genauso wie die Erde ohne diese Bewegungen nicht leben kann, braucht ein Mensch derartige Bewegungen, um sich zu entfalten. Einerseits braucht er ein Selbstsein und ein Bewusstsein seiner selbst. Diese Bewegung entspricht der Eigenrotation der Erde. Der Mensch muss sich in sich selbst bewegen, seine eigenen Lebensprozesse entfalten und bei sich selbst sein können. Wenn er erstarrt, dann stirbt er genauso, wie wenn durch immer schnellere Rotation die Fliehkraft so groß wird, dass er sich selbst verliert. Andererseits braucht der Mensch auch eine Beziehung auf etwas ganz Anderes hin, außerhalb seiner selbst, das ihm Leben gibt und ihm eine gleichbleibend sichere Beziehung schenkt. Religiöse Menschen haben deshalb auch immer die Beziehung der Sonne zur Erde und der Erde zur Sonne als etwas Heiliges gesehen.

Die Sonne wurde sogar als Gott angebetet. Man kann die rhythmische Beziehung der Erde zur Sonne als ein Bild oder eine Analogie für die Beziehung Gottes zum Menschen und – umgekehrt – auch für die Beziehung des Menschen zu Gott ansehen.

Um eine Gottesbeziehung lebendig entfalten zu können, muss sich der Mensch sowohl seiner selbst mit seiner Eigenbewegung und Eigenständigkeit als auch seiner Abhängigkeit und seiner Angewiesenheit auf Beziehung bewusst sein. Die Erde kann ohne Sonne kein Leben entfalten – und der Mensch kann ohne Gottesbeziehung – wie immer sie aussehen mag – nicht existieren. Eine enge Beziehung ist jedoch ohne einen gesunden Rhythmus von Nähe und Distanz unmöglich.

Wie Gewitterwolken und Winterstürme das Sonnenlicht oft verfinstern, so wird auch die Gottesbeziehung Belastungen ausgesetzt. Doch wir wissen, dass auch während des Regens und im Winter die Sonne stets da ist – auch Gott ist immer für uns Menschen da, selbst wenn man sich in schwierigen Situationen befindet, wenn man mit Leid und Schmerz konfrontiert ist. Und so wie die Erde von der Sonne durch ihre geneigte Achse Zuneigung und Leben empfängt, umfängt Gott mit seiner Liebe den Menschen, der ihm zugeneigt ist. Zuneigung, Ehrfurcht, Geneigt-sein – letztlich die Liebe, die sich in dieser Haltung zeigt, schenken dem Menschen Leben. In den Psalmen heißt es: „Die Ehrfurcht vor Gott ist der Anfang der Weisheit" – und sicher auch der Anfang des Lebens. In der Zuneigung zu Gott darf und kann man das Selbstsein jedoch nicht aufgeben, vielmehr werden das Selbstsein, das Menschsein überhaupt durch diese Liebe und Zuneigung gestärkt.

Aus diesem kosmischen und spirituellen Bild ergibt sich ein neuer Beziehungsrhythmus für jeden Menschen. Man braucht sich durch den Wechsel von Licht und Schatten nicht mehr bedroht zu fühlen. Die Beziehung zwischen Gott und den Menschen zeigt, dass Ehrfurcht, Zuneigung und Liebe innige, lebendige Beziehung schaffen. Männer und Frauen können Zugang zu ihrer Stärke und Kraft finden, weil sie beschenkt und geliebt sind. Das ist zugleich eine Absage an Gewalt, Unterdrückung und Rivalität.

Der Rhythmus des Mondes

Den Einfluss des Mondes auf die Erde, auf Tiere und Pflanzen, auf die Meere und auf Menschen spüren wir in vielfacher Weise – bei unserer Arbeitsleistung, während des Schlafes, in der körperlichen Verfassung. Auf Vollmond oder Neumond, auf zunehmenden oder abnehmenden Mond reagieren die Menschen, indem sie schlecht schlafen, überdreht sind – oder die umgekehrten Auswirkungen spüren. Besonders charakteristisch ist der Zusammenhang der Mondphase mit dem weiblichen Zyklus der Menstruation: Dieser Zyklus folgt dem Rhythmus der Umkreisung des Mondes um die Erde – ganz offenkundig wirken die Mondkräfte auf die Hälfte aller Menschen dieser Erde ein. Bei der anderen Hälfte der Menschheit zeigt sich diese Wirkung weniger deutlich, aber es gibt sie trotzdem.

Der Mond wird mit der Dunkelheit, der Nacht, mit Wechsel und Wandlung in Verbindung gebracht. Anders als die Sonne verändert der Mond sein Aussehen ununterbrochen: vom Neumond über den zunehmenden Mond zum Vollmond, dann wieder abnehmend bis zum Neumond. Dieser Rhythmus kommt dadurch zustande, dass der Mond die Erde umkreist und dabei verschiedene Positionen durchläuft. Aber der Mond selbst ist abhängig von der Sonne: Er wird in seiner jeweiligen Form nur sichtbar, weil er das Sonnenlicht reflektiert.

So ist der Mond ein Symbol für Wechsel und Wandlung. Er verändert sein Aussehen ständig und befindet sich auf seinem Weg um die Erde immer an einer anderen Stelle. Dieses Prinzip des Wandels findet sich auch in uns Menschen. Im Sonnensystem gibt die (im Verhältnis zur Erde) feststehende Sonne dem sich dauernd bewegenden Mond die Möglichkeit, dass er leuchten kann. Und der Mond gibt der Sonne die Möglichkeit, in gewisser Weise auch in der Nacht zu scheinen. Dabei ist die Kraft des Mondes nicht immer gleich, sondern wechselt jeweils mit seiner Position.

Die Prinzipien für Stabilität und Wandel liegen sowohl im Universum als auch im Menschen eng beieinander.

Viele Rituale der Menschen richten sich seit jeher nach diesen beiden Gestirnen, die auch Lebensprinzipien symbolisieren. Die bedeutendsten Feste, die sich an den Sonnenrhythmus anschließen, sind Weihnachten (zur Wintersonnenwende) und das Johannesfest, wenn am 24. Juni die Sonne soeben ihren höchsten Stand erreicht hat und sich wieder abwärts neigt. Dagegen sind die großen „Mondfeste" im Jahresrhythmus beweglich: Der Ostertermin (und damit auch der von Pfingsten) richtet sich nach dem Mondrhythmus, genau genommen nach dem ersten Frühjahrsvollmond.

Die Mondrituale sind im Laufe der Jahrhunderte in Vergessenheit geraten, erfahren jedoch in den Gegenwart wieder eine Renaissance. Der Rhythmus des Mondes und seine Einflüsse auf Menschen, Tiere und Pflanzen sind unverändert spürbar, aber die alten Mondrituale – mit Ausnahme okkulter Zeremonien in abgeschiedenen Zirkeln – sind weitgehend verschwunden. Geblieben sind eher die Sonnenrituale, die den Tag, das Licht und die Beständigkeit symbolisieren.

Drückt der Sonnenrhythmus mehr die Eigenständigkeit und Stabilität aus, so zeigt der Mond den Menschen ein anderes Lebensprinzip: Abhängigkeit und Wandel. Wenn wir den Mondrhythmus in uns lebendig werden lassen, entdecken wir auch die Dunkelheit und die Nacht. Wir werden konfrontiert mit der Tiefe unserer Gefühle und unserer Intuition, mit unserer Ursehnsucht nach Beziehung und dem Schicksal von Werden, Wachsen und Vergehen. Der Sonnenrhythmus weist uns über uns hinaus. Der Mondrhythmus führt uns zu unserer menschlichen Existenz zurück, und er macht uns Angst, weil er uns auch mit dem letzten irdischen Werden und Vergehen konfrontiert, mit dem Tod.

So wie der Sonnenrhythmus ein Abbild der Gottesbeziehung ist, ist es auch der Mondrhythmus. Durch die Beziehung und Abhängigkeit zur Erde und zur Sonne wird der Mond zum Symbol für urmenschliche Erfahrungen. Der Mensch ist nur bedingt frei – und in vielen Bereichen abhängig von anderen und auch von Gott. Wird diese Abhängigkeit nicht bejaht und gestaltet, führt sie zur Unfreiheit und zur Erstarrung in Bitterkeit. Aber gerade in der Gestaltung und in der Verwandlung dieser Abhängigkeit liegt eine große Chance. Sie kann innere und äußere Veränderungsprozesse anstoßen.

In den Schöpfungsgeschichten der Religionen wird der Anfang des Lebens auf der Erde fast immer sehr ähnlich beschrieben: „Finsternis lag über der Urflut und Gottes Geist schwebte über den Wassern."

Viele wichtige Erkenntnisse, Erfahrungen und Entwicklungen macht der Mensch in der Dunkelheit, und der Gotteserfahrung gehen fast immer Zeiten der Dunkelheit voraus.

Man wird also die Dunkelheit zur Freundin machen müssen und sich ihrer Wandlungs- und Schöpferkraft anvertrauen, die voller Kreativität und Leben ist. Oft wird diese Dunkelheit missachtet und gering geschätzt – und der Mensch ist sich nicht bewusst, dass er schöpferisches Potential in sich zerstört.

Der Mondrhythmus lehrt uns die Ehrfurcht vor dem Kleinen, dem Unscheinbaren, er lässt uns erfahren, dass alles Große klein angefangen hat; und er vermittelt uns Ehrfurcht vor dem Wandelbaren und der Verwandlung. Für viele sind die Bilder des Mondes eine ebenso überzeugende Botschaft für die Überwindung des Todes in der Auferstehung wie die immer wieder aufgehende Sonne.

Wer sich hineinbegibt in diesen Rhythmus, wird Leben und Sterben und Auferstehen erfahren. Man kann es jetzt schon einüben – in der Dunkelheit des Versagens, in der Unbeständigkeit der eigenen Wandlungen und in der Erfahrung von Abhängigkeit und Hilflosigkeit. Vielleicht auch deshalb richtet sich der Termin für das höchste Fest der Christen, das Osterfest (und damit der ganze Osterfestkreis) nach dem Mondrhythmus. In der Feier des Osterfestkreises, der mit dem Aschermittwoch beginnt und mit Christi Himmelfahrt und Pfingsten endet, werden bewusst Tod und Auferstehung erlebt.

Mann und Frau müssen diesen Wandlungsprozess auf ihre je eigene Weise erfahren. Je mehr man aber den Rhythmus und die Erfahrungsweise des Anderen integriert, desto mehr kann man als ganzer Mensch leben.

Im Siebener-Rhythmus

Die Annahme, dass sich das Leben eines Menschen jeweils in einem Sieben-Jahres-Rhythmus verändert, ist wohl nicht nur eine phantastische Vorstellung, sondern sie scheint auf Erfahrungen zu beruhen. Diese Erfahrungen werden seit alter Zeit zum Kosmos in Beziehung gesetzt, d. h. bestimmten Sternzeichen oder Planetenbildern zugeordnet. Das hat jedoch nichts zu tun mit einer Astrologie, die das Schicksal eines Menschen auf den Einfluss der Gestirne zurückführen und in einem Horoskop voraussagen will.

In diesen kosmischen Bildern haben Menschen versucht, ihre Erfahrungen zu transzendieren und sich in Beziehung zu einem Größeren zu setzen. Man kann darin die demütige Erkenntnis des Menschen sehen, dass er nicht nur mit der Natur verbunden ist, die ihn unmittelbar umgibt, sondern dass alles menschliche Leben eingebunden ist in eine riesige kosmische Bewegung.

Menschen haben zu allen Zeiten ihre persönlichsten Erfahrungen mit einem universalen System verknüpft: Aus dem Rhythmus des Kosmos, dem Lauf der Gestirne, wurde ein Rhythmus im menschlichen Leben abgeleitet. Nach dieser mythologischen Vorstellung gibt es im Kosmos Abläufe, die dem menschlichen Leben entsprechen und es beeinflussen können. Eine solche Interpretation des Zusammenhangs zwischen dem Kosmischen und dem Menschlichen wird im Siebener-Rhythmus der Entwicklung des Lebens beschrieben, wobei einige der Zeitspannen auch einen doppelten Siebener-Rhythmus umfassen.

0 bis 7 – Wachstum im Wandel

Die erste dieser Phasen umschließt die Zeit von der Geburt bis zum siebten Lebensjahr. Sie wird im kosmischen Bild dem Himmelskörper zugeordnet, der der Erde am nächsten ist, nämlich dem Mond. Der Mensch ist in dieser Zeit wandelbar wie der Mond und erlebt Phasen des Aufnehmens und des Abnehmens. Vor allem nimmt das Kind Gefühle auf – rationale Prozesse stehen im Hintergrund. Das Kind lebt aus seinen Gefühlen, erfährt die Mutter und den Vater vor allem emotional. Es lernt das Fallen und Steigen der Kräfte des Lebens kennen, das dem Zunehmen und Abnehmen des Mondes entspricht. So wie der Mond sein Licht von der Sonne erhält, empfängt das Kind seine Lebenskraft aus den Beziehungen zu den Menschen, die mit ihm leben. Der Mond ist das Kind der Erde und der Sonne, das sich in unserer Wahrnehmung am Himmel ständig verändert – ähnlich wächst auch ein Junge oder Mädchen heran: Kinder sind abhängig und unselbständig, beginnen sich langsam zu verwurzeln, nehmen ihre Welt und Umgebung eher intuitiv und unreflektiert wahr. In der Mythologie regiert die Sonne den Tag und der Mond die Nacht, die das Symbol für das Unterbewusstsein ist – und darin ist das Kind in seinen ersten sieben Jahren eingebettet. Es erlebt intensiv Licht und Schatten, und es erlebt diesen Kontrast oft auch als beängstigend.

In dieser Phase bilden sich die Grundlagen für die gesamte Persönlichkeit, die Gefühle und Fähigkeiten. Vor allem in der tiefen Beziehung zur unmittelbaren Bezugsperson, meist der Mutter, entwickelt sich im Kind das Urvertrauen. Dieses Urvertrauen ist für das weitere Leben außerordentlich wichtig, weil die Qualität der frühen Erfahrungen des Kindes das spätere Fühlen, Denken und Handeln wesentlich mitprägt.

Das Metall, das in der Mythologie dem Mond zugeordnet wird, ist das Silber. Der silbrig feine Klang von Zimbeln, Schellen und Triangeln entspricht der Qualität dieser Zeit.

Am Mondzyklus orientieren sich auch große religiöse Feste: die Fastenzeit, Pfingsten, überhaupt der ganze Osterzyklus. Das Urvertrauen selbst hat ebenfalls mit der Religion zu tun – es ist ja ein Gefühl, gehalten zu sein, getragen und angenommen, ganz gleich, ob im Licht oder im Schatten.

7 bis 14 – erste Schritte zur Selbstwerdung

Am Ende dieses ersten Siebener-Zyklus tritt das Kind aus diesem frühesten Selbstwerdungsprozess heraus und löst sich aus dem engsten Kreis der Eltern und Geschwister. In der Schule, im Umgang mit Lehrern und Klassenkameraden, beginnt ein zweiter Lebensabschnitt, der seine kosmische Entsprechung im Merkur hat und dem als Metall das Quecksilber zugeordnet ist. Merkur und Quecksilber symbolisieren das neue Verhalten des heranwachsenden Menschen: In dieser zweiten Siebener-Phase wendet sich der Mensch von innen nach außen. Er wird unruhig und sucht die Kommunikation mit anderen Menschen und Dingen. Merkur ist der Gott des Austausches und des Handels – das Kind beginnt mehr und mehr selber zu agieren, sich aus engen Bindungen zu lösen, und sein Selbstwerdungsprozess wird differenzierter. Jetzt wird es auf eine neue Weise lebendig und teilt sich über seine neuen Möglichkeiten den anderen mit. Es wird selbständig, geht hinaus, entdeckt die Welt – und probiert vieles aus, auch Dinge, die verboten sind. Innerhalb und außerhalb der Schule lernt es andere Menschen kennen und will neue Zusammenhänge verstehen – die Kinder sind jetzt wissbegierig und möchten die Realitäten des Lebens selber erfahren. Sie lesen nachts mit der Taschenlampe unter der Bettdecke, auf Fahrrädern und Skateboards erleben sie ihre Mobilität, und in der Kommunikation lernen sie, Sprache und Schrift zu verfeinern. Die Eroberung der Welt ist wichtiger als die Verantwortung fürs Leben, alles wird voller Neugier und spielerisch genommen.

Dass in dieser Phase auch die bleibenden Zähne wachsen, ist wohl ein Symbol dafür, dass man sich jetzt schon allein durchs Leben beißen muss. Zuerst faszinieren Räubergeschichten und Abenteuer das Kind auf seiner Entdeckungsreise, dann sind es Fußball-Größen und Popstars.

Der Klang von Trommeln und Pfeifen ist das Symbol für den Wunsch nach Ausdrucksfähigkeit und Selbstbestimmung, der diese Zeit prägt.

14 über 21 bis 28 – auf der Suche nach den Idealen

Die zweite Lebensphase endet mit 14 und wird von einem großen Siebener-Doppelbogen von 14 bis 21 und weiter von 21 bis 28 abgelöst. Dieser zweifache Siebener-Rhythmus ist die Zeit der Pubertät, der Sexualität – und wird vom Bild des Planeten Venus, der Liebesgöttin, regiert. Das rötlich schimmernde Kupfer ist das dieser Phase zugeordnete Metall. Melodiös klingende Instrumente wie die Geige und die Flöte symbolisieren diese Zeit.

Die Sexualität ist in dieser Phase besonders wichtig – die jungen Leute probieren alles aus, und die erste Liebe ist oft die heißeste Liebe.

Nun leuchtet zum ersten Mal das Ich auf: Die Identität als Mann oder als Frau wird bewusst empfunden. Die gesamte Zeitphase ist geprägt von der Suche nach Beziehung zum anderen Geschlecht. Die ersten Erlebnisse erscheinen fast unwirklich, wie ein Traum. Erst im zweiten Teil dieses doppelten Siebener-Rhythmus klärt sich diese Sehnsucht allmählich und wird realistischer. Zwischen 14 und 21 entwickelt sich die Jugend zur schönsten Blüte – und dann fängt auch schon der „Ernst des Lebens" an: Man schließt die Schule ab, die Berufsausbildung beginnt oder wird beendet. Und man denkt auch schon an eine feste Bindung.

Insgesamt ist dieser Zyklus eine Zeit, in der sich der Mensch im Leben einzurichten beginnt. Er baut sich auch körperlich und psychisch auf – in einer Zeit enthusiastischen Wachstums. In der zweiten Venus-Phase zwischen 21 und 28 beginnt eine erste Ernüchterung, die den jungen Menschen aus dem Schwelgen und Schweben in seiner Traumwelt allmählich wieder auf den Boden herabholt. Natürlich möchte man die Blüte des Lebens gerne behalten, aber die überschwänglichen Gefühle werden gegen Ende dieser Phase von einer neuen Wirklichkeit eingeholt. Es ist wichtig, dass ein

Mensch diese Emotionen und „Verrücktheiten" erlebt, die sich in der himmelhoch jauchzenden und zu Tode betrübten Seele abspielen. Wer das nicht lebt, wird wahrscheinlich im späteren Alter nachholen, was er in dieser Zeit versäumt hat.

In diesem Lebensabschnitt erfolgt meist die endgültige Ablösung von den Eltern – jetzt geht der Mensch seinen eigenen Weg, mag er manchmal auch falsch sein. Der romantische Mensch ist geboren – mit all den Idealen, die er im Kopf und vor allem im Gefühl hat. Wer in diesem Alter keine Ideale hat, wird später, wenn sich die Träume auflösen, schwer zu einer echten Begeisterung fähig sein. Gefühle, Träume, Ideale, Sexualität, das Eingehen von Beziehungen – das sind die wichtigen Erfahrungen in diesem Lebensabschnitt.

Leider wird es vielen jungen Leuten schwer gemacht, diesen doppelten Siebener-Rhythmus zwischen 14 und 28 zu leben, weil man sie mit 14 oder 15 Jahren schon fast wie fertige Erwachsene behandelt. Die Verwissenschaftlichung der Schule tut ein Übriges dazu, um die diesem Alter entsprechenden Erfahrungen zu verhindern. Statt Träumer und Idealisten will unsere Gesellschaft frühe Erwachsene und Spezialisten, die zielgerichtet für das Arbeitsleben vorbereitet worden sind.

Von 28 über 35 bis 42 – mit voller Kraft durchs Leben

Nach dem zweifachen Siebener-Abschnitt zwischen 14 und 28 Jahren, der mit seiner Emotionalität eher einer weiblichen Erfahrung zugeordnet wird, kommt zwischen 28 und 42 erneut ein doppelter Siebener-Bogen, sieben Jahre aufsteigend, dann sieben Jahre absteigend. Diese Zeitspanne wird vom kosmischen Bild des Mars geprägt, dem in der Mythologie vor allem männliche Eigenschaften zugeschrieben werden. Die Eigenschaften, die hier wichtig sind, gelten jedoch genauso für die Erlebniswelt der Frau.

In der Mars-Phase sprüht der Mensch vor Energie und Kraft. Das wird symbolisiert durch das Eisen, das diesem Lebensabschnitt zugeordnete Metall – Eisen gibt der Erde Stabilität – und durch die typischen Musikinstrumente dieser

Phase: Mit Pauken und Trompeten verschafft sich der Mensch nun Gehör – und bläst sich und den anderen den Marsch. Jetzt geht es um Macht, um Karriere, um Durchsetzungskraft und Energie. Zwischen 28 und 35 kämpfen Mann und Frau um ihren Platz im Leben. Es ist die Zeit, in der Träume und Ziele verwirklicht werden.

Vor allem für Männer bedeutet diese Zeit auch eine dämonische Versuchung: Sieg um jeden Preis, Egoismus und Rücksichtslosigkeit. Die Ellbogen-Gesellschaft hat ihre größten Potenziale bei Menschen in der Mars-Phase. Es ist die Zeit derjenigen, die mit denen, die sich in den Weg stellen, kurzen Prozess machen. Schneidige Banken-Manager, Agentur-Chefinnen, erfolgreiche Jungunternehmer, smarte Typen in der Politik und im öffentlichen Leben – sie repräsentieren besonders deutlich die typischen Merkmale dieser Lebensphase.

Beziehungen konzentrieren sich in dieser Zeit vor allem auf die Kampffelder im Beruf. Bei Männern gilt dies als selbstverständlich und legitim, während Frauen, die dasselbe Verhalten zeigen, oft abschätzig als „Emanzen" bezeichnet werden. Frauen erleben bereits in dieser Phase nicht selten den Wunsch nach einer Neuorientierung, danach, sich aus der Abhängigkeit vom Mann, von Familie und Kindern zu lösen. Aber auch als Mutter und Hausfrau braucht die Frau Kraft, um sich durchzusetzen, im Verhältnis zu den heranwachsenden Kindern ebenso wie zum Mann.

Erst in der zweiten Hälfte dieses doppelten Siebener-Abschnitts, zwischen 35 und 42 Jahren, keimt typischerweise die Einsicht auf, dass ein rigoroses Vorgehen im Beruf und im Privaten vielleicht doch nicht ganz das Richtige ist. Die Erkenntnis, dass sich manches leichter und besser erreichen lässt, wenn man besonnener vorgeht, stellt sich ein. Kampf, Erfolgsdenken und Unnachgiebigkeit, so erfährt man, führen nicht immer zum gewünschten Ziel. Im Bewusstsein, dass die Bäume nicht in den Himmel wachsen, werden die Menschen gegen Ende der Mars-Phase von der Realität eingeholt – Klugheit und Zurückhaltung sind Tugenden, die wieder neuen Kredit gewinnen.

Wenn der Mensch diese Phase gut bewältigt, gewinnt er – als positive Eigenschaften – Disziplin, innere und äußere Ordnung und die Fähigkeit, zielgerichtet zu arbeiten.

Diese Phase beeinflusst jedoch den Menschen nicht nur, indem sie ihm die Kraft und Stärke gibt, um zu siegen. Er erlebt vielmehr auch Konflikte, er scheitert und erleidet Niederlagen. Jesus ist in dieser Lebensphase, mit 33 Jahren, gestorben. Überhaupt nehmen die Menschen in diesem Alter das „Kreuz des Lebens" an. Ein typisches Merkmal am Ende der Mars-Phase: Der Mensch erkennt, dass er trotz mancher Niederlagen sein Leben und auch sein Sterben bejahen muss.

Von 42 über 49 bis 56 – Einsichten und spirituelle Perspektiven

Nach dem 42. Lebensjahr beginnt erneut ein doppelter Siebener-Abschnitt. Das Bild des Jupiter ist der mythologische Begleiter, dem als Metall das Zinn entspricht. Sonore Instrumente in der Tenor- und Basslage wie das Horn, das Cello, das Fagott und das Bassflügelhorn symbolisieren den typischen Klang dieser Zeit. Der Mensch spürt, dass seine kämpferischen Bewegungen allmählich zur Ruhe kommen und dass es nicht mehr allein darauf ankommt, in der Auseinandersetzung zu siegen (oder zu verlieren). Er beginnt, über den Dingen zu stehen.

Im ersten Teil dieses Lebensabschnittes, also von 42 bis knapp 50, ahnt er, dass ihm der Kampf der Mars-Phase viele wichtige Dinge im Leben vorenthalten hat. Jetzt finden Menschen zu sich zurück, werden nachdenklicher, manche finden auch zum Glauben – sie gehen ihren Weg langsamer und betrachten das Leben gelassener.

Auch die Erkenntnis, dass alles Wachsen dem Werden und Vergehen unterliegt, fällt in diese Zeit. Die starken Spannungen lassen nach. Der Mensch fühlt sich nicht mehr so gehetzt und kämpferisch und erkennt in seinem Inneren neue Zusammenhänge. Diese Erfahrungen führen dazu, dass Probleme zwar nicht teilnahmslos, aber doch mit Ruhe und Distanz betrachtet werden. Man lässt sich nicht mehr so leicht „verrückt machen" und kommt durch zunehmende Lebenserfahrung zu neuen Einsichten und Schlüssen. Das sind erste Schritte auf dem Weg zur Weisheit. Die Ziele verlagern sich mehr und mehr von außen – berufliche Karriere, Auto, Haus, Urlaubsreisen – nach innen. Jenseits der 50 rücken die Ethik und innere Werte neu ins Bewusstsein. Der Blick richtet sich weg von der Erde – zum Transzendenten, zum Himmel. In dieser Phase nimmt die Bereitschaft zu, anderen zu helfen – und zwar aus ehrlicher Überzeugung und nicht aus Berechnung, wie das meist in der Mars-Phase der Fall war.

Der Mensch kann in dieser Phase eine innere Ergriffenheit erleben, weil er eine große Weltordnung erkennt – sein Horizont und sein Herz sind weit geworden. Es ist die Zeit, da der Tod der Eltern oder der Abschied von Freunden ihm die eigene Begrenztheit und eine Sehnsucht nach dem Jenseits bewusst machen können. Diese Erfahrungen und die Beschäftigung mit dem Schicksal, mit der Frage nach dem Sinn des Lebens, lassen den Menschen zu neuen Einsichten kommen. Schiller drückt die Gefühle dieser Lebensphase, die mit 56 Jahren endet, in seiner Ode an die Freude aus: „Brüder, überm Sternenzelt muss ein guter Vater wohnen ..."

Wer allerdings die vorangegangene Mars-Phase nicht ausgelebt hat und jetzt alles nachholen will, was er früher versäumte, kann in der Jupiter-Zeit rücksichtslos, rechthaberisch und tyrannisch werden. Wenn zum Beispiel Firmenbosse an ihrem Sessel kleben und nicht in Pension gehen können, werden die Weichen dafür typischerweise in dieser Phase gestellt. Solche Unternehmer beklagen nicht selten, dass ihre erwachsenen Söhne nicht in der Lage seien, das Unternehmen zu führen, deshalb müssten sie trotz ihrer Jahre immer noch arbeiten – ein typisches Verhalten für jene, die in der Mars-Phase hängen geblieben sind und sich nicht weiterentwickelt haben. Ganz allgemein gilt: Wer in einer bestimmten Lebensphase stehen bleibt, hat meist den unmittelbar vorausgegangenen oder einen früheren Siebener-Abschnitt nicht wirklich gelebt. Dann hemmt das nicht gelebte Leben die menschliche Entwicklung.

Die Zeit zwischen 42 und 56 ist für die meisten Menschen der Abschnitt des Lebens mit den tiefsten und nachhaltigsten spirituellen Erlebnissen. Männer und Frauen sind in diesem Alter körperlich noch sehr fit, leiden kaum an Gebrechen – und haben doch viele geistige und seelische Erfahrungen gemacht und integriert, die ihnen beträchtliche Einsichten gestatten. Im besten Fall finden sie zu einem fast idealen Gleichgewicht zwischen körperlicher und geistiger Energie.

Von 56 über 63 bis 70 – Leben im Bewusstsein des nahen Endes
Der letzte Siebener-Abschnitt ist wieder eine Doppelphase in zwei Siebener-Bögen vom 56. bis etwa zum 70. Lebensjahr. In der Mythologie ist er dem Saturn zugeordnet. Sein Metall ist das Blei. Der Schall der Posaune ist der Klang dieser Zeit. Er kündet das nahe Ende und die letzten Auseinandersetzungen an – wie die Posaunenengel in der Offenbarung des Johannes.

Jetzt wird dem Menschen seine Vergänglichkeit noch intensiver bewusst, und er setzt sich mit dem eigenen Tod auseinander. Manche verzweifeln dabei, werden melancholisch und depressiv, hadern freudlos mit ihrem Schicksal, werden misstrauisch und mürrisch oder verhärten. Dann wird das Leben oft zur Plage.

Dagegen gibt es aber auch Menschen, die einen harmonischen Lebensabend erleben. Sie werden – im wahrsten Sinne des Wortes – „gewissen-haft", ihr Gewissen wird zur Richtschnur ihres Lebens.

Dabei ist die erste Phase zwischen 56 und 63 häufig noch geprägt von der Auseinandersetzung mit dem eigenen Schicksal und der Erkenntnis, dass sich das Leben dem Ende entgegenneigt. Der Mensch erkennt noch mehr seine Grenzen, die ihm in dieser Klarheit vorher nicht bewusst waren – und er weiß, dass er an der Schwelle zum Tod steht. Entscheidend ist, wie die Auseinandersetzung mit dieser Schicksalsfrage gelingt. Wer nur noch Angst vor dem Tod hat und keine Perspektiven sieht, wie sie von den Religionen vermittelt werden, der wird verzweifeln. Gläubige Menschen dagegen können ihr Schicksal annehmen. Sie erkennen in dieser Phase ihres Lebens, dass der Tod nicht ein Feind, sondern ein Befreier ist, der das Schicksal überwindet und den Menschen in einen neuen Raum und zu neuem Leben hinüberführt. Statt zu erstarren und zu verknöchern, kann ein alter Mensch sein Schicksal umwandeln auf dem Wege einer Verinnerlichung, die ihn durch eine dunkle Zeit hinführt zum Licht. Zugleich mit dem allmählichen Schwinden der Lebenskräfte erstarkt ein solcher Mensch in dem Vertrauen, dass nach dem Tod eine neue Entwicklungsstufe kommt. Wenn das Äußerliche dem Ende entgegengeht, reift die Erkenntnis von seelischen und geistigen Zusammenhängen aus – das Leben vollendet sich.

In dieser letzten Phase des Siebener-Rhythmus verlieren Illusionen und Träume ihre Kraft. Die einen ebnen sich einen Weg für die Zeit nach dem Tod – und andere, die diese Phase nur als Krise erleben, wenden sich zurück in ihre Vergangenheit, die sie oft glorifizieren. Wer ein Leben lang in Äußerlichkeiten gelebt und nur materielle Dinge für wichtig gehalten hat, kann in ein tiefes Loch der Resignation fallen.

Die Erfahrung zeigt, dass gläubige Menschen die Zeit vor dem nahenden Tod ohne Angst erleben. Ihre Hinwendung zum neuen Licht kennzeichnet das Leben nach dem letzten Siebener-Abschnitt, also jenseits der 70.

Ab 70 – auf dem Weg in die Vollendung

Der Mond, der mythologische Begleiter der ersten Lebensphase, lebt von der Sonne, die ihm das Licht gibt. Deshalb wird der letzte Lebensabschnitt im kosmischen Bild von der Sonne regiert. In ihrem Licht vereint sich, was bisher getrennt war – wohl deshalb gilt das Gold als das charakteristische Metall für diese Zeit des Lebensabends, die das ganze Leben umschließt und abschließt. Im Licht der Sonne sind alle einzelnen Farben beisammen, und entsprechend klingen in dieser Phase noch einmal alle Töne und Klangfarben zusammen – wie die vielfältigen Töne der Orgel oder eines Symphonieorchesters.

Das Haften des Menschen an der Erde und am Ich löst sich allmählich auf, alles wird leichter, der Mensch nimmt ab – die äußeren Dinge bewegen sich aufs Ende zu. Im gleichen Maß, wie der Leib schwindet, steigen die inneren Werte und die innere Sehnsucht. Der geläuterte Mensch ist, auch wenn er an Gebrechen leidet, heiter und abgeklärt, ruhig und gelassen. Gottergeben nimmt er sein Schicksal an; er legt sein Leben in die Hände Gottes.

Im Lebensabend kommt noch einmal vieles wieder, was früher geschehen ist: Zum Beispiel kann jemand, der seine Mars-Phase nicht ausgelebt hat, jetzt kaltherzig und starr werden. Wer in seiner Venus-Phase nicht zum Zuge gekommen ist, verliebt sich manchmal im hohen Alter wieder.

Andere erleben in dieser Sonnen-Zeit schon das reine Licht, auch die Wärme, die davon ausgeht. Diese Menschen sind in Weisheit und Güte alt geworden – sie haben ein vollendetes Leben, sogar dann, wenn sie sich an vieles nicht mehr erinnern können.

Die Sonne symbolisiert die totale Verwandlung der Materie. In dieser Schlussphase drängt alles zum Licht, zu Weite und Wärme. Der christliche Glaube sagt, dass Gott im ewigen Licht wohnt – dorthin sind die Menschen unterwegs. Ihre Sehnsucht nach ewiger Geborgenheit leitet sie dabei.

Westliche Wissenschaftler haben das Gleiche entdeckt, was auch tibetische Buddhisten lehren: Wenn eine lebende Zelle stirbt, gibt sie als letztes messbares Signal einen Lichtimpuls ab. Diese Erkenntnis ist dem sehr ähnlich, was der Siebener-Rhythmus über das Sterben lehrt: Das Licht ist das letzte Lebenszeichen beim Übertritt in eine glückselige Ewigkeit.

Der Körper verwandelt sich ständig, aber der Mensch nimmt diese Verwandlung meist nur physiologisch wahr, als den Vorgang, wie Zellen, Gewebe und Organe wachsen, sich irgendwann reduzieren – und zuletzt absterben.

Anders als der physiologische verläuft der seelische Prozess, der eine ständige Fortentwicklung ist. Das geistige Leben wird immer weiter und reifer – bis hin zur Vollendung, die ein Mensch trotz seiner Unvollkommenheit erreichen kann. Wenn dieser Prozess positiv verläuft, bringt er weise Menschen hervor, die in heiterer Gelassenheit leben. Diese seelische Weiterentwicklung geht einher mit dem zunehmenden Verfall des Körpers – vermutlich bedingen die beiden gegenläufigen Entwicklungen einander. Das geistige Wachstum speist sich sozusagen aus dem Körper, der immer mehr abbaut.

Im hohen Alter wird der Mensch unabhängig und frei – es ist ihm egal, was andere über ihn denken, er begibt sich nicht mehr in ein Verhaltenskorsett. Ein solcher Mensch fürchtet den Tod nicht. Er hat sein Leben gelebt, verarbeitet – und angenommen.

Der Siebener-Rhythmus des Menschenlebens ist eine uralte menschliche Erfahrung. Die Fortschritte in der Medizin, aber auch veränderte Ernährungsgewohnheiten und -möglichkeiten sind jedoch nicht ohne Einfluss auf diesen Rhythmus geblieben. Jedenfalls stößt der Traum von ewiger Jugend, den heute viele Menschen zu träumen scheinen, dort an eine Grenze, wo er das geistige Wachsen verleugnet und verhindert, von dem die Tradition des Siebener-Rhythmus spricht. Für den, der sinnvoll leben will, sind die Reifungsschritte, wie sie im Siebener-Rhythmus überliefert sind, sicherlich eine große Hilfe.

Leben mit den Jahreszeiten

Frühling, Sommer, Herbst und Winter geben dem Jahr, dem Leben und jedem Menschen einen eigenen Rhythmus. Viele Menschen nehmen diesen Rhythmus kaum noch wahr. Die moderne Lebensweise hat dazu geführt, dass die Menschen sich mehr und mehr von dem Rhythmus der Natur entfernen.

Das Essen ist dafür ein Beispiel. Früher gab es Erdbeeren im Sommer, wenn sie reif waren, darauf haben sich die Kinder und auch die Erwachsenen gefreut – heute bieten die Supermärkte frische Erdbeeren zu allen Zeiten an, sogar im Winter. Genauso ist es mit Äpfeln und Salat, mit Johannisbeeren und Pilzen, mit Gurken und Radieschen: Unabhängig von der Jahreszeit und vom Rhythmus der heimischen Ernten ist alles zu jeder Zeit zu haben.

Ist es nicht ein toller Fortschritt, dass uns dieses Schlaraffenland per Flugzeug und Schiff aus aller Welt ins Haus geliefert wird? Wenn man mitten im deutschen Winter am Roten Meer baden oder im Hochsommer Urlaub am Nordpol machen kann?

Leider geht uns damit das Gefühl für die Jahreszeiten verloren. Wir wissen auch nicht mehr, was sie uns symbolisieren. Man kann in einem Rhythmus mit den Jahreszeiten leben, wenn man sie bewusst erlebt: im Frühling die Jugend, Aufbruch, Wachstum, Entwicklung, Kindheit, den Neubeginn. Der Sommer hilft dazu, dass man sich Dinge wie Wachsen, Höhepunkt oder Auseinandersetzung bewusst macht. Im Herbst erlebt man dann die Reifung und Ernte – und der Winter symbolisiert den Rückzug, die Ruhe, auch den Tod. Die vier Jahreszeiten kann man auch den eigenen Lebensphasen zuordnen. Wer die Jahreszeiten bewusst erlebt, hat die Chance, das eigene Leben intensiver zu spüren. Auch ein alter Mensch kann den Frühling als Wachstum und Aufbruch erfahren, wenn er diese Jahreszeit sensibel wahrnimmt. Das Erleben der Jahreszeiten lässt uns an einer inneren und äußeren Entwicklung teilnehmen, und wir werden Teil eines Lebensprinzips, das uns prägt. Wer sich dagegen z. B. dem Winter entziehen will, indem er in tropische Länder fliegt und sich dort in die Sonne legt, kann sich im Leben wohl nur schwer zurückziehen, um zur Ruhe zu kommen. Und der Firmenchef, der, um seine ewige Jugend zu erhalten, alle paar Wochen nach Teneriffa flieht, wird vermutlich auch in seinem Unternehmen nicht aufhören können.

Die Wandlung der Schöpfung mitvollziehen

Die Erfahrung von Wachstums-, Reifungs- und auch Alterungsprozessen tut dem Menschen gut. Heute werden die Jahreszeiten von vielen fast nur noch durch die Wettermeldungen im Fernsehen wahrgenommen. Diese virtuelle Welt kann aber das bewusste Erleben der Jahreszeiten nicht ersetzen. Wer bewusst am Wechsel der Jahreszeiten teilnimmt, der weiß, dass nach jedem Winter ein neuer Frühling kommt. Er erlebt das Sterben in der Natur, aber er erkennt in diesem Rückzug gleichzeitig den Keim einer neuen Geburt. Die Sonne kehrt an ihrem tiefsten Punkt um und steigt wieder auf. Wenn der Mensch sich mit diesem Rhythmus der Natur in Einklang bringen kann, wird er auch sein eigenes Leben besser verstehen.

Es tut der Seele gut, die Sinne zu sensibilisieren, um die Natur wahrzunehmen. Dazu ist gar nicht notwendig, im eigenen Garten zu sitzen und das Aufblühen und Vergehen der Pflanzen, Bäume und Blumen zu beobachten. Jeder Baum, den du dir aussuchst und übers ganze Jahr beobachtest, kann dir den Zauber der Schöpfung bewusst machen: Wie kahl er im Winter dasteht, wie er dann im Frühling die Knospen austreibt und plötzlich geradezu explodiert, wie im Sommer die Früchte heranwachsen, reif werden – und im Herbst abfallen, wie der Baum sein Laub verliert, sich in sich zurückzieht und ausruht, bis er im nächsten Frühjahr wieder erwacht.

Wer diesen Baum über die Jahreszeiten hinweg betrachtet, spürt auch sein eigenes Leben – das Wachsen, die Entfaltung, die Ernte, die Ruhe: Der Baum ist wie ein Mensch.

Was aber macht der Städter, der keinen Baum sieht, wenn er aus dem Fenster schaut, sondern die Beton- und Glasfassaden des Nachbarhauses? Wenn er Wachstum und spirituelle Entwicklung erleben will, braucht er die Rückkehr zur Natur. In den großen Wohnkomplexen ist die Berührung mit der Natur fast nicht möglich – höchstens der Temperaturwechsel oder Schnee oder Regen deuten an, in welcher Jahreszeit man gerade lebt. Die Wohnungen sind gleichmäßig beheizt oder haben Klimaanlagen, die bekanntlich der Gesundheit nicht immer förderlich sind. In der künstlich erzeugten Wärme der Wohnungen fehlt der stimulierende Reiz, der vom Wechsel der Jahreszeiten, vom Rhythmus des Klimas ausgeht und die Gesundheit stärkt.

Deshalb ist es sinnvoll, immerhin die Ernährung wieder dem Rhythmus der Jahreszeiten anzugleichen, selbst wenn das nicht immer gelingt. Die Spitzenköche machen es vor. Sie verwenden mehr und mehr saisonale und regionale Nahrungsmittel: Spargel, wenn er frisch gestochen wird, Salate aus dem heimischen Garten, Waldpilze und Tomaten im Herbst, Fisch, Wild und Geflügel, die nicht zur Unzeit geschlachtet oder geschossen werden. Die Sterne-Köche spüren, dass alle Dinge ihre richtige Zeit haben – es geht uns gut, wenn wir wieder im Gleichklang mit diesem natürlichen Rhythmus leben.

Auch die Bauern kehren allmählich wieder zurück zu diesem Kreislauf. Sie sind durch die Bedingungen der modernen industriellen Landwirtschaft von ihren jahrtausendealten Traditionen abgeschnitten worden – ihre Äcker und Wiesen, die Rinder und Hühner sollen, losgelöst von den Jahreszeiten, wie Hochleistungsfabriken funktionieren. Im künstlichen Licht der Legebatterien werden Eier produziert, Mastkühe fressen Chemiefutter statt frischem Gras, mit Kunstdünger wird noch mehr aus dem Boden herausgeholt. Wenn Almbauern manchmal die Stallkühe ihres Nachbarn mit auf die saftigen Bergwiesen hinaufnahmen, kam es vor, dass diese Tiere nicht imstande waren, das frische Gras zu fressen – sie waren nur noch vorgemischtes Futter im Stall gewöhnt. Mitten in herrlichen Wiesen wären die Kühe fast verhungert, weil sie ihr ursprüngliches Futter nicht mehr erkannten. Die Abkehr vom Rhythmus der Jahreszeiten und die angestrebte Produktions- und Gewinnmaximierung endeten in einem Desaster.

Deshalb ist es für jeden Einzelnen lebensnotwendig, zu fragen: In welcher Jahreszeit lebe ich gerade? Bin ich in Harmonie mit meiner Nahrung? Dabei ist es normal, dass jemand eine bestimmte Jahreszeit weniger mag als die andere. Manche leiden unter der Hitze des Sommers oder ertragen die Überfülle an Sonne, Farben und Düften nicht, die für den Sommer typisch ist. Auch sie sollten jedoch den Sommer nicht ablehnen, sondern lernen, mit ihm umzugehen. Die

Jahreszeiten sind eine Gabe der Schöpfung, ein Geschenk an uns Menschen, mit dem wir wunderbar leben können.

Auch im alten China orientierten sich die Menschen an Jahres- und Tageszeiten, mit denen sie ihr „Tao", ihre Mitte, in Übereinstimmung bringen wollten. Sie nannten es „kalendrische Lebensführung" und warnten davor, das „Tao des Himmels" zu verändern, weil als Folge davon auch das „Tao der Erde" gestört sei. So durften zum Beispiel im Frühjahr, das als Zeit der Lebensschöpfung galt, weder Bäume gefällt noch Eier und Vogelnester vernichtet werden.

Die Feste des Jahreskreises als Feste der Wandlung

Für Städter ist es nicht leicht, sich in den Rhythmus der Jahreszeiten einzuschwingen. Am ehesten könnten sie es tun über ihre Ernährung, die sie wieder den natürlichen Ernten anpassen – und sie können es auch tun über religiöse Feste. Diese Feste stehen in allen Religionen im Einklang mit den Rhythmen der Natur.

Nach der besinnlichen Zeit im Advent beginnt Neues zu leuchten. An Weihnachten feiern wir die Geburt des neuen Lebens. Es ist zugleich das Fest der Wintersonnenwende. Die Kelten, Germanen und alle Naturvölker der nördlichen Erdhalbkugel freuten sich, dass jetzt der Winter gleichsam überwunden war – ähnlich wie im Christentum, wo die Geburt Christi den Beginn des neuen Lebens symbolisiert.

Das Frühjahr ist geprägt vom Osterfest. Es ist das Fest der Auferstehung, sowohl in der Natur wie auch im Menschen. Das Osterfest dauert sieben mal sieben Tage – und am fünfzigsten Tag wird das Pfingstfest gefeiert, das Fest der Ausgießung des Geistes Gottes in die Natur und in die Menschen. Es gilt als die Vollendung des Osterfestes. Das Geburtsfest Johannes des Täufers am 24. Juni, wenn die Sonne soeben den höchsten Stand erreicht hat, ist der Beginn des Sommers, aber es kündigt bereits die Umkehr des Lichtes an. Der Sommer findet seinen christlichen Höhepunkt, wenn sich die Erde zum Himmel öffnet: an Mariä Himmelfahrt. Es ist ein Fest zur Zeit der größten Hitze und der üppigsten Fülle in der Natur. In dieser Zeit öffnet sich die Erde zum Himmel, symbolisiert durch das Fest der Himmelfahrt Marias. Wahrscheinlich ist auch der Brauch, an diesem Tag Heilkräuter zu segnen, Ausdruck für diese Öffnung der Erde zum Himmel. Beim Erntedankfest im Herbst ist Dankbarkeit der Schlüssel für den Weg zurück, nach innen, in die Ruhe. Mit dem Totenfest an Allerheiligen/Allerseelen neigt sich das Jahr dann allmählich dem Ende zu.

Wer sich in diesen Kreislauf der religiösen Feste hineinbegibt, kann den Rhythmus der Natur miterleben, selbst wenn er in einer ganz und gar naturfremden Umgebung lebt.

Was sich im Rhythmus des Jahres in der Natur an Werden und Vergehen ereignet, hat seine Entsprechung im Inneren des Menschen. Für die Harmonie von natürlicher und spiritueller Entwicklung geben die Jahreszeiten den Takt. Der Mensch tut der Seele und dem Körper etwas Gutes, wenn er sich in diesen Rhythmus einfügt. Im Frühling unter den ersten warmen Sonnenstrahlen ist man ein anderer Mensch als im Dezember, wenn der Schnee unter den Schuhen knirscht.

Dieser natürliche Kreislauf ist auch dort zu spüren, wo es keinen Sommer und Winter gibt, zum Beispiel in den Tropen. Der Wechsel von Wachsen, Entwicklung und Sterben kann dort genauso wahrgenommen werden, allerdings in einem erhöhten Tempo. Auch dort helfen die religiösen Feste, die in den Naturreligionen genauso gefeiert werden, den Rhythmus des Lebens zu spüren. Spirituelle Entwicklung ist die Erfahrung der Fülle des Lebens. Die bewusst gestalteten religiösen Feste dienen dazu, Spiritualität und praktisches Leben miteinander in Beziehung zu setzen.

Gegen die Beschleunigung

Es scheint ein Gesetz unserer Welt zu sein, dass alles immer schneller wird – im Sport, bei der Arbeit, beim Essen, mit dem Auto. Ist wirklich eine Geschwindigkeitsbegrenzung notwendig, wenn ich mit 180 Sachen so schön auf der Autobahn meines Lebens dahinfahren kann? Viele meinen, dass die Menschheit mit der Beschleunigung doch ganz gut zurecht- und vorangekommen sei.

Aber die Seele reist langsam. Sie scheint sich umso schneller zu entwickeln, je langsamer das Tempo ist. Dem nach Erlebnissen hungernden Körper gefällt es vielleicht, wenn er sich immer schneller bewegt, doch der Seele tun Höchstgeschwindigkeiten nicht gut. Durch Beschleunigung kann man bei vielen Tätigkeiten die Quantität erhöhen, aber die Qualität bleibt auf der Strecke. Das mag bei Maschinen anders sein, wenn sie Massenprodukte herstellen. Auf den Menschen lässt sich dieses Prinzip jedoch nicht übertragen; bei ihm entsteht vielmehr eine Wirkung wie bei der Fliehkraft: Je schneller sich die Scheibe dreht, desto stärker wird der Druck auf die Seele und den Geist. Und die Gefahr wächst, dass sich Seele und Geist gleichsam lösen und herausfliegen.

Je rasanter die Beschleunigung ist, desto mehr nutzt sich der Mensch ab. Menschliches Leben wird schneller verschlissen, und zwar der Körper ebenso wie die Seele. Auf dem Markt ist es mit den Produkten ähnlich: Das immer höhere Tempo, mit dem neue Produkte entwickelt und verkauft werden, verkürzt zugleich ihre Lebensdauer.

Wenn der Mensch sein Leben intensivieren und die humane Qualität steigern will, muss er es ent-schleunigen.

Es gibt bereits Anzeichen, dass die Menschen das Tempo im Leben abbremsen wollen: In Slow-Food-Clubs wird – im Gegensatz zu den Fast-Food-Tempeln – bewusst langsam und genussvoll gegessen. Man nimmt sich Zeit, trifft sich, kocht miteinander und isst und trinkt in einer gemütlichen Runde in aller Ruhe. Noch wichtiger ist es zu spüren: Ich bin in meinem Leben viel zu schnell unterwegs, ich habe eine Geschwindigkeit eingelegt, die mich überfordert, die Leib und Seele voneinander trennt. Ein Signal dafür ist zum Beispiel, wenn du deine Arbeit nicht mehr sorgfältig genug machen kannst, wenn du Dinge übersiehst und zu pfuschen anfängst. Es gibt so etwas wie einen inneren Tacho, der diese Art von Geschwindigkeitsüberschreitungen anzeigt.

Was für die Arbeit gilt, betrifft auch die Beziehungen. Wie viel Zeit verbringe ich mit Menschen, die mir wichtig sind? Der volle Terminkalender ist die schlimmste Beschleunigungsmaschine – er stiehlt Zeit und zwingt dazu, von einer Begegnung zur anderen zu hasten. Und während man den einen Termin wahrnimmt, ist man gedanklich schon beim nächsten, weil die Zeit drängt. In Wahrheit ist man gar nicht präsent.

Viele glauben, dass sie im Beruf und privat eine Fülle von Bekanntschaften haben. Im Ernstfall erweisen sich solche Kontakte als brüchig: Wer sind die Menschen, mit denen ich wirklich sprechen kann? Für wen habe ich selber Zeit – und wer hat Zeit für mich?

Die modernen Telekommunikationsmittel, vom Handy bis zur E-Mail, beschleunigen noch einmal. Alle telefonieren und verschicken Nachrichten. Jeder will mit jedem sprechen. Bei vielen ist dauernd besetzt, weil sie selber herumtelefonieren oder vor Erschöpfung und Überdruss ihr Handy aus- und die Mailbox eingeschaltet haben. Diese neue Art der Vernetzung ist mehr Verstrickung als Beziehung. Sie gibt uns nicht etwa Zeit zurück, sondern beschleunigt. Auf den Datenautobahnen scheint es keine Geschwindigkeitsbegrenzungen mehr zu geben. Und dazwischen steht der Mensch, der unverändert nur zwei Augen hat, zwei Ohren, ein Hirn – und hoffentlich noch sein Herz.

Der Blick auf den inneren Tacho

Es ist deshalb gut, immer auf den inneren Tacho zu schauen und zu prüfen, in welchem Bereich das äußere Tempo nicht mehr im Einklang mit der inneren Verfassung ist. Daran kann erst derjenige etwas ändern, dem diese Störung auch bewusst geworden ist. Sie wahrzunehmen kann manchmal geradezu als ein Schock erlebt werden: Auf einmal spürt man, dass man nur noch unterwegs ist – und nicht mehr bei sich selber. Man stellt fest, dass das scheinbar so schöne, abwechslungsreiche und bewegte eigene Leben sich nicht mehr weiterentwickelt. Das Paradox ist eingetreten: Die enorme Beschleunigung hat das Leben zum Stillstand gebracht.

Menschen sind von ihrem Wesen her nur bedingt geeignet für hohe Beschleunigungen. Von einem bestimmten Punkt an können wir das Tempo nicht mehr wirklich mitvollziehen. Viele Unglücke – zum Beispiel im Verkehr oder an Maschinen – entstehen, weil das Tempo zu hoch ist. Der Mensch überschreitet seine Grenzen und gerät in einen Bereich, der jenseits seiner Wahrnehmungskapazität liegt. Wenn Bilder, Zahlen, Erfahrungen an ihm vorbeirasen, kann er diese Eindrücke nicht mehr wirklich aufnehmen und sich aneignen.

Beschleunigung als Illusion

Ein anderes Beispiel für Beschleunigung im Denken erleben wir in den Fernsehnachrichten. Blitzschnell wird von der UNO-Sitzung in New York nach China geschaltet, wo wieder neue Hinrichtungen stattgefunden haben. Sekunden später gibt es Bilder von einer Hungersnot in Afrika – und schon geht es weiter nach Straßburg zum Europaparlament. Der Zuschauer wird innerhalb kürzester Zeit mit einem politischen Problem, dann mit sozialen Missständen konfrontiert, und eine Minute später ist er Zeuge bei einem Zugunglück. In dieser Zeitmaschine erlebt er alles blitzschnell. Und er hat das Gefühl, dass er ständig mitten im Geschehen und in voller Bewegung ist – und dabei gibt er nur Vollgas im Leerlauf. Wie viel von dem, was wir gestern Abend in den Nachrichten gesehen haben, ist uns jetzt noch präsent?

Je mehr der Mensch beschleunigt, desto träger wird er innerlich, weil er das rasante Tempo nicht mitgehen kann. Wer mit dem Flugzeug von Amerika nach Europa fliegt, überbrückt diese riesige Entfernung zwar in wenigen Stunden, aber hinterher ist er erschöpft: Der Jetlag überfordert ihn, und oft dauert es Tage, bis man wieder seinen normalen Rhythmus gefunden hat und die Dinge um sich herum richtig wahrnehmen kann.

Entschleunigung als Überlebensprinzip

Entschleunigung bedeutet, sich selbst wieder in den Blick zu nehmen. Sie ist wie eine Überprüfung, ein Wahrnehmen von Fehlentwicklungen. Das ist wichtig, weil sonst die wilde Jagd durchs Leben nicht abgebremst wird. Sogar ein Auto bringt man in regelmäßigen Abständen zur Inspektion in die Werkstatt. In der Hektik aufgehende Menschen neigen dagegen dazu, mit der Beschleunigung erst aufzuhören, wenn die Sicherungen bereits durchgebrannt sind.

Die Entschleunigung gibt auch ein Gefühl für Raum und Zeit zurück. Mit dem Flugzeug, im Auto und im Zug durchqueren wir mit hoher Geschwindigkeit Räume, und noch schneller überbrücken wir Entfernungen mit dem Telefon, am Fernseher, im Internet. Aber es ist wichtig, dass man nicht ständig mit hohem Tempo unterwegs ist, sondern sich Zeit nimmt für sich selber und für die Betrachtung des Lebens. Das kann man spüren, wenn man sich einfach allein mit seinen Gedanken hinsetzt und eine Stunde lang nichts anderes tut, als da zu bleiben. Oder man geht einen Weg einmal bewusst sehr langsam. Viele sind dazu gar nicht im Stande und wollen immer wieder den Schritt beschleunigen. Erst allmählich verlangsamen sie ihren Gang und entdecken plötzlich auf und neben dem Weg Dinge, die ihnen vorher nicht aufgefallen sind – vielleicht eine Blume, einen Käfer, einen Stein. Und schließlich fällt der Blick auch auf den Menschen selber, auf sein Inneres. Auch da nimmt er Dinge bewusst war, die er früher übersehen oder nicht beachtet hat. Die Entschleunigung schafft Raum und Zeit für wesentliche Fragen: Warum habe ich vieles nicht wahrgenommen? Was ist das Ziel meines Lebens?

Wer sein Leben entschleunigt, tritt wieder in Beziehung zur Schöpfung, zum Kosmos, zur Erde, zum Himmel – zu den Menschen und zu sich selbst.

In seiner Regel rät der heilige Benedikt den Mönchen, dass sie ihre Arbeit immer wieder unterbrechen sollen – egal, wo sie gerade sind. Er will damit sagen: Haltet inne und nehmt Beziehung auf zu eurem ureigensten Wesen. Sie sollen bei dieser Unterbrechung der Arbeit auf dem Feld niederknien und beten – das ist Entschleunigung durch einen spirituellen Rhythmus. Zu einem bestimmten Arbeitsrhythmus gehören Pausen, die man einhalten muss, um das Tempo aus dem Leben herauszunehmen.

Gegen den Allmachtswahn

Mit der Entschleunigung wendet man sich ab von dem Allmachtswahn, dass alles möglich sei, und kehrt zurück zu den einfachen Zeichen des Lebens. Wenn jemand sich einen Blumensamen kauft, die Erde aufbereitet, den Samen einsetzt, ihn gießt und wachsen lässt, wird er entdecken, dass Wachstum seine eigenen Gesetze hat – weit weg von jedem Tempo-Wahn. Der Blumensamen wächst heran, aber er braucht seine Zeit – mit dem Menschen ist es nicht anders. Er braucht Ruhe, wächst allmählich und darf nicht ständig unter Druck gesetzt werden, damit alles schneller geht.

Beschleunigung ist manchmal auch ein Zeichen dafür, dass die Menschen ihr Vertrauen zum Leben verloren haben. Sie wollen immer schneller immer mehr, damit sie sich gerüstet glauben können, falls etwas Unerwartetes auf sie zukommt.

In jedem Menschen steckt Kraft, mit der er sein Leben bewältigen kann. Dazu muss er nicht ständig große Mengen an neuen Informationen und neuem Wissen in sich hineinsaugen – das Leben entfaltet sich aus ihm selber heraus. Gott hat uns die Tugend der Geduld geschenkt, die uns hilft, die Dinge wachsen und reifen zu lassen. Beschleunigung führt zu einer dämonischen Dynamik, die uns die Luft nimmt und zerstörerisch wirkt.

Entschleunigung betrifft sowohl Dinge als auch Menschen. Man kann sich zum Beispiel die Zeit nehmen, um etwas in Ruhe anzuschauen, um sich mit einem Buch, einem Gedanken, einem Musikstück, mit einem Baum oder Käfer sehr bewusst auseinander zu setzen – aber noch schöner ist es, dies gemeinsam mit anderen Menschen zu tun. Sich ohne Zeitdruck mit Menschen einer bestimmten Sache zu widmen, braucht Feingefühl, bringt in Kontakt, erfordert das Eingehen auf den anderen – und damit ist die Entschleunigung schon geschehen.

Die kreative Pause

Wer lebt – nicht nur wer arbeitet –, muss Pausen einlegen. Kein Motor läuft ewig – und auch das Herz und der Atem haben ihre Pausen. Der Körper nimmt seine Energie nicht beim Essen auf, sondern in der „Pause" zwischen Nahrungsaufnahme und Ausscheidung, also während der Verdauung. So ist es bei allen Lebensprozessen: Eine Ruhepause, ein Zwischenraum ist notwendig, um den vorausgegangenen Prozess zu bearbeiten, abzuschließen, zu verdauen. Die Pause ist nicht „nichts", sondern wichtiger Teil des Rhythmus. Das ist in der Musik oder während der Arbeit ähnlich wie im Körper und bei der Seele.

Eine hohe Arbeitsleistung über mehrere Stunden hinweg kann nicht ohne Pause erbracht werden. Auch Therapeuten führen deshalb mit den Patienten wichtige Gespräche nur maximal eine Stunde lang, dann legen sie eine Pause ein.

Die meisten Arbeitssitzungen in den Firmen haben zu viele Tagesordnungspunkte – und zu wenig Pausen. Natürlich kann man die Themen stundenlang an einem Stück durchpauken, aber es kommt in der Regel wenig dabei heraus, weil vergessen wird, wie wichtig und kreativ die Pausen sind. Menschen mit einem gesunden Gespür machen Pausen, weil sie merken, dass ihnen die Pausen gut tun.

Wer eine Pause macht, der ist kein Faulpelz, sondern kann ein sehr kreativer Geist sein. Eine Pause kann die vorangegangene Tätigkeit ergänzen, jedoch auf eine andere Art und Weise. Denn eine Pause soll nicht nur vor der totalen Erschöpfung bewahren, sie ist ein Wert für sich. Pausenzeiten sind etwas Besonderes – ein guter Grund, sie bewusst zu beachten. Wenn es nach einer mehrstündigen Arbeitssitzung endlich eine Pause gibt, dann ist es sicher nicht das Richtige, sofort zum Handy zu greifen und während der gesamten Pause zu telefonieren.

Die Regel des heiligen Benedikt fordert von den Mönchen, dass sie eine Pause nicht erst einlegen, wenn sie schon übermüdet sind, sondern dass Pausen einen festen Platz im Tagesablauf haben. Früher hat im Kloster jede Stunde die Glocke geläutet, damit die Mönche in ihrer Arbeit kurz innehalten, den Blick auf sich selber richten, ein Gebet sprechen – und dann, nach einigen Minuten, weiterarbeiten.

Eine solche rechtzeitige, bewusste Unterbrechung verhindert, dass der Mensch seine Energie verliert – und damit die Beziehung zu sich selbst. Wer Pausen macht, hält seine Leistung auf einem hohem Niveau – wer durcharbeitet bis zur Erschöpfung, powert sich aus. In die Arbeit schleichen sich Fehler ein, das Tempo lässt nach und die Gesamtleistung sinkt.

In der Pause tut es gut, seine Position zu wechseln. Wer gesessen war, sollte aufstehen und umhergehen. Wer im Stehen gearbeitet hat, kann sich setzen. Wer sich vorher viel bewegt hat, sollte sich vielleicht sogar zur Erholung ein paar Minuten hinlegen. Sehr erholsam ist es, wenn der Mensch in der Pause auch etwas anderes sieht, riecht oder hört. Das regt die Sinne an, und zwar bewusst ganz andere als jene, die vorher bei der Arbeit oder bei einer ähnlichen Tätigkeit beansprucht worden sind.

In der Pause erholt sich der Mensch, weil er ausspannt und vorübergehend etwas anderes tut. Dabei sollte man bewusst den Kontrast zu dem suchen, was man während der Arbeit tut. Wer zum Beispiel allein in einem Büro arbeitet, sollte in der Pause mit Kollegen zusammenkommen, mit ihnen reden und lachen. Ähnliches gilt auch für Leute, die in Gruppen im Büro oder in der Werkstatt arbeiten. Sie regenerieren sich, wenn sie in der Pause keine Kommunikation mit anderen Mitarbeitern suchen. Es wäre auch unklug, in der Pause über die gleichen Dinge und Themen zu sprechen, mit denen man sich auch während der Arbeit beschäftigt.

Wenn allerdings jemand während seiner Arbeit schon viel Kommunikation hat und dauernd mit anderen Menschen redet, telefoniert und verhandelt, dann sollte seine Pause nicht auch noch mit Gesprächen ausgefüllt sein. Für ihn ist es besser, sich zurückzuziehen, sich auf eine Bank zu setzen und für kurze Zeit mit sich allein zu bleiben.

Die Pause ist auch eine Zeit zur Entfaltung. Was vor der Pause erarbeitet, besprochen oder geplant wurde, braucht eine gewisse Zeit, um sich zu entfalten. So kann ein Prozess heranreifen – das ist sinnvoller, als pausen-los alles voranzutreiben, ohne Rast und ohne Verschnaufen. Die Pause gibt einem Prozess die Chance, sich zu entfalten, zu verändern und zu ergänzen.

Bei geistigen Tätigkeiten ist es erfahrungsgemäß gut, wenn man etwa jede Stunde eine kurze Pause einlegt. Auch hier hat sich der so genannte Siebener-Rhythmus bewährt: in einer bestimmten Zeitspanne sechs Siebtel arbeiten, dann ein Siebtel der Zeit als Pause einlegen, also in jeder Stunde etwa fünf bis zehn Minuten. Leider lässt sich dieser Rhythmus im Alltag nur sehr schwer einhalten, weil die Arbeitszeiten meist streng geregelt sind. Aber außerhalb der Arbeit oder wenn jemand seine Arbeit selber einteilen kann, können solche Rhythmen gut angewendet werden.

Viele glauben, durch das Einlegen von Pausen werde weniger gearbeitet, aber das stimmt nicht: Wegen der deutlich höheren Effizienz bei der Arbeit ist am Ende die Leistung sogar höher. Der Siebener-Rhythmus mit dem regelmäßigen Wechsel von Arbeitszeiten und Pausen gibt dem Menschen die Freude an der Arbeit zurück, vermeidet Erschöpfung – und bringt bessere Ergebnisse. In der Bibel steht: Sechs Tage sollst du arbeiten – und am siebten Tag sollst du ruhen! Und der heilige Benedikt empfiehlt den Mönchen, siebenmal am Tag Gottes Lob zu singen.

Ob der Siebener-Rhythmus oder ein anderer Lebenstakt – entscheidend ist, dass überhaupt ein Rhythmus von Arbeit und Pause entsteht. Dieses Prinzip gilt auch für die Freizeit, in der Ruhephasen genauso sinnvoll sind – und wahre Wunder bewirken können.

Es macht Sinn und fördert Gemeinschaft, wenn Menschen einen gemeinsamen Ruhetag haben. Für das Zusammenleben ist der Sonntag zunächst einmal ein Tag, an dem nicht gearbeitet wird. Familien und Freunde haben Zeit füreinander, Körper und Seele ruhen aus. Der Sonntag ist meist der einzige Tag in der Woche, an dem die Menschen Raum und Zeit haben, zusammenzukommen, miteinander zu reden und zu feiern. Dieser Tag ist sozusagen der Geburtstag der Kultur.

Sechs Tage Arbeit, dann ein Ruhetag – das ist auch der Rhythmus, den wir aus der biblischen Schöpfungsgeschichte kennen. Er findet sich auch in fast allen anderen Religionen, weil er offenbar als Urrhythmus dem Menschen innewohnt. Der Mensch braucht den siebenten Tag zur Ruhe, zur Erholung, zur Kommunikation, aber vor allem, um seine eigene Spiritualität kreativ zu leben und zu entwickeln.

In totalitären Regimen wurde mehrfach versucht, einen anderen Rhythmus einzuführen. In der Sowjetunion unter Stalin wollte man den Zehn-Tage-Rhythmus einführen, um die Volkswirtschaft effizienter zu machen. Die Menschen haben eine Zeit lang den neuen Rhythmus einigermaßen ausgehalten, aber die Pferde nicht. Sie wurden krank – und bevor die Symptome auch bei den Menschen auftauchten, wurde der bewährte Siebener-Rhythmus wieder hergestellt.

Sucht und Frust am Wochenende

Menschen brauchen offenbar für ihr Tun, für ihre Arbeit und ihr Schaffen einen bestimmten Rhythmus, zu dem ganz wesentlich auch Ruhephasen gehören. In modernen Gesellschaften dient das freie Wochenende meist nicht mehr der Entspannung, sondern ist eher die Fortsetzung oder Steigerung eines hyperaktiven Lebens während der Woche. Die Sehnsucht nach Erlebnissen, die es unter der Woche kaum gibt, wollen viele Menschen wenigstens am Wochenende stillen. Man „nimmt sich etwas vor"; ein Event jagt den anderen. In der Disko macht man die Nacht zum Tag (den man dann verschläft) oder man verbringt bei Autoausflügen Stunden auf verstopften Straßen. Und ein großer Teil der freien Zeit wird dann häufig gebraucht, um den Rausch auszuschlafen und mit dem Kater fertig zu werden.

Während der Woche werden die Menschen durch die Arbeit hart gefordert. Weil ihnen die innere Beziehung zu ihrem Tun verloren gegangen ist, empfinden sie die Arbeit kaum noch als Freude und Erfüllung. Sie sind eingebunden in einen Arbeitsprozess, dessen Sinn sie – außer dass es dafür Geld gibt – oft nur schwer erkennen können. Früher hat ein Bauer seine Arbeit auf dem Acker wohl unmittelbarer erlebt: Er war sich bewusst, dass er und seine Familie davon leben, wenn er sein Feld gut bestellt. Heute haben viele Menschen das Gefühl, dass sie nur noch leben, um zu arbeiten – statt zu arbeiten, um zu leben. Deshalb hat für sie der Sonntag seinen Sinn als Tag der Ruhe und Erholung weitgehend verloren.

Die gestörte Beziehung zur Arbeit und zum eigenen Leben überhaupt hat auch die Beziehung des Menschen zu sich selber zerstört, so dass er mit dem Sonntag als Zeit der Regeneration wenig anfangen kann. Oft weiß er nicht, was er machen soll, wird unruhig und „schlägt die Zeit tot".

„... und er sah, dass es gut war" – Rückblick auf die Woche

Es ist schwer, wieder eine Kultur des Sonntags zu erleben: Ruhen, Hören, Schauen. In der Schöpfungsgeschichte heißt es: „Und Gott sah, dass es gut war." Gott betrachtete also sein Werk – viele Menschen tun das nicht mehr. Sie sind eher froh, dass sie am Sonntag von den Problemen und Mühen ihrer Arbeit nichts mehr sehen und hören. Dabei kann die ruhige Betrachtung der vergangenen Woche und des Tages den Menschen auch wieder zu sich selbst führen. Der Sonntag bietet eine Möglichkeit, sein eigenes Leben zu verstehen – und sich dabei zu entspannen.

Noch größer wird der Wert des Sonntags, wenn man sich wieder in Beziehung bringen kann zu anderen Menschen – und zu sich selbst. Das kann geschehen, ohne dass dabei ein bestimmter Zweck verfolgt wird. Unter der Woche, vor allem bei der Arbeit, ist das Denken und Tun zweckgerichtet, es dient meist einem materiellen Ziel. Am Sonntag ist es anders – er ist zweckfreie, geschenkte Zeit. Man unterliegt endlich keinen Zwängen, niemand schreibt einem etwas vor – du allein teilst die Stunden ein, in denen du mit deiner Familie zusammen bist, mit Freunden oder mit dir selbst. Dieser freie Tag ist ein großes Geschenk. Es wäre schade, die Zeit zu verschlafen, zu vertrödeln oder mit Terminen vollzustopfen, die wieder zum Sklaven machen.

Der Sonntag hat seit jeher auch eine religiöse Dimension. An diesem Ruhetag hat der Mensch die Chance, seinem zielgerichteten, materiellen Denken und Handeln zu entrinnen und schöpferisch zu werden. Er kann sich in Beziehung zu sich selbst, zu anderen Menschen und zu Gott setzen. Jeder neue Sonntag ist ein Geschenk, um Beziehungen neu zu erleben und zu gestalten.

Die Juden feiern den Sabbat durch das Sabbat-Mahl – ein Symbol für die Beziehungen der Menschen untereinander und zu Gott. Im Christentum wird am Sonntag in der Eucharistie, im gemeinsamen heiligen Mahl, die Auferstehung Jesu gefeiert. Damit symbolisiert der Sonntag für den Menschen die Überwindung des Todes und öffnet ihm eine neue Erfahrungswelt des Lebens. Ein solcher Tag macht das geistige, kosmische Bewusstsein lebendig. Es führt aus dem Dasein hinaus, das auf diese Welt beschränkt ist, und bringt den Menschen in Beziehung zu Gott. Der Sonntag kann so das Fenster zur Ewigkeit öffnen.

Feiern verbindet

Weltweit stellt sich heute das Problem, wie im Zuge der gigantischen Mobilität und einer Kultur, in der Christen, Juden, Moslems, Hindus, Buddhisten und Angehörige anderer Religionen zusammenleben, ein gemeinsamer Ruhetag gefunden werden kann. Zwar haben alle Religionen ihren Feiertag, aber es ist nicht immer der Sonntag. Für das Zusammenleben in einer Gesellschaft, vor allem bei der Organisation der Arbeit, wäre ein einheitlicher Ruhetag wichtig. Es wäre undenkbar, dass hier zu Lande die Muslime am Freitag nicht zur Arbeit gehen, die Juden nicht am Samstag, die Christen nicht sonntags – von anderen religiösen Gruppen ganz zu schweigen.

Je weniger einheitlich eine Gesellschaft in religiöser Hinsicht ist, desto mehr wird es zum Problem, wie man den gemeinsamen Ruhetag und die religiösen Feiertage während des Jahres regelt. Die Religionen müssten unter sich klären, welcher Tag das weltweit sein soll. Ein solcher interreligiöser Dialog und eine gemeinsame Suche würden dem Frieden und der Verständigung unter den Religionen einen großen Dienst tun.

Dabei kann es sehr hilfreich sein, wenn man weiß, dass das Christentum, der Islam und das Judentum ihren Ruhetag einheitlich im Siebener-Rhythmus festgelegt haben: Nach sechs Tagen der Arbeit folgt ein Tag des Ruhens.

Entscheidend ist jedenfalls, dass ein gemeinsamer Ruhetag auch einen religiösen und spirituellen Inhalt hat. Ein Fest ohne religiösen Inhalt wird bald entleert sein. Freilich wird es schwer sein, eine gemeinsame spirituelle Basis zu finden, die alle miteinander feiern können. Der Sonntag bietet sich jedoch dafür an, weil er ein Fest des Lebens ist, ein Tag, der Gemeinschaft stiften will unter den Menschen – und mit Gott.

Ruhe und Bewegung

Ruhe und Bewegung gelten normalerweise als Gegensätze – aber sie sind es nicht. Echte Ruhe ist nicht Stillstand oder Resignation, sondern ein höchst sensibler und aktiver Zustand. Andererseits ist die Art von Bewegung, die diesen Namen am meisten verdient, etwas ganz anderes als Hektik oder Aktionismus, auch nicht bloße Mobilität, sondern diese Bewegung ist ein innerer Prozess. Gartenarbeit, Einkaufen, Dauerlauf – solche Tätigkeiten haben mit dieser inneren Bewegung noch nicht unbedingt viel zu tun. Und andererseits: Wer vor dem Fernseher unbeweglich auf der Couch liegt und ein Autorennen anschaut, hat deswegen noch lange nicht den Zustand erreicht, der hier mit Ruhe gemeint ist.

Auch sind es zwei unterschiedliche Dinge, ob man sich bewegt oder sich nur bewegen lässt. Ein Motorradfahrer, der mit hohem Tempo dahinrast, wird ganz überwiegend passiv bewegt, er selbst sitzt fast unbeweglich auf dem Sattel. (Allerdings muss auch er die Maschine durch feine, wohldosierte Bewegungen steuern, umso mehr, je höher das Tempo ist.) Anders ist es schon, wenn sich jemand zu Fuß auf den Weg macht. Gut ist es, wenn dabei die inneren und die äußeren Bewegungen in Harmonie stehen. Eine körperliche Bewegung, zum Beispiel Wandern, kann zu einer spirituellen Erfahrung werden – und umgekehrt werden sich geistige Bewegungen auch auf den Körper auswirken. Wer jemals eine lange Wanderung durch die Wälder unternommen hat, weiß, wie sich der eigene innere Zustand Schritt um Schritt verändert. Nach Stunden, nach Tagen hat der Wanderer einen Rhythmus gefunden, der ihn mehr und mehr mit der Natur verbindet. Er wird eins mit ihr. Die Bienen und Vögel, die Käfer und Mäuse, die ihm begegnen, nimmt er sehr bewusst wahr – als Geschöpfe der gemeinsamen Welt. In einem spirituellen Prozess hat sich der Rhythmus seiner Bewegung gewandelt in innere Ruhe – eine Ruhe, die wiederum kein Stillstand ist, sondern lebendiger Austausch mit der Natur, die den Wanderer umgibt.

Um diesen gegenseitigen Bezug von Ruhe und Bewegung hat auch der heilige Benedikt gewusst. In seiner Regel gehören daher die „stabilitas" (das Bleiben an einem Ort), die eine Art von Ruhe ist, und die „conversio", die „Umkehr", die beständige Veränderung und Bewegung, untrennbar zusammen wie zwei Seiten einer Münze.

Eine einfache Möglichkeit zu erfahren, wie Ruhe und Bewegung zusammengehören können, ist es, darauf zu achten, was geschieht, wenn man steht. Im Stehen ist der Mensch zwar in Ruhe, aber er bewegt sich ganz leicht hin und her, weil niemand völlig starr stehen kann. Wenn du dich hinstellst und mit den Füßen ganz bewusst die Erde, den Boden unter dir spürst, wirst du merken, dass der Körper stets eine leichte Pendel- oder Drehbewegung macht – nur so kann er aufrecht bleiben und (im übertragenen Sinne) auf den eigenen Beinen stehen, selbständig sein.

Im Fuß haben alle menschlichen Organe Bezugspunkte, die Reflexzonen, die den gesamten Körper abbilden. Beim Stehen ruht der Mensch auf dem Abbild seines ganzen Leibes.

Wer sich bewegen und mit Menschen oder Dingen auseinander setzen will, braucht erst einmal einen festen Standpunkt. Er muss eine eigene Meinung haben und wissen, was für ihn wichtig ist. Bewegungszwang und Druck sind dagegen hinderlich für jede wirkliche innere und äußere Bewegung oder Ruhe: Die Seele reist langsam, heißt es. Wer ständig auf Achse ist, kann weder Eigenständigkeit noch Unabhängigkeit gewinnen, er ruht nicht in sich.

Bewegung bedeutet auch, dass jemand auf dem Weg zu einem Ziel ist und sich verändert. Die Bewegung macht erst dann Sinn, wenn der Mensch sein Ziel kennt oder erahnt, auf das er zugehen will. Allerdings kann auch die Bewegung selber ein Ziel sein. „Der Weg ist das Ziel" – das stimmt zwar nicht immer, aber es steckt viel Wahrheit darin. Als sich ein Jogger auf seinen täglichen Rundkurs im Wald begab, wurde er von einem Kind gefragt: „Wohin läufst du?" Was sollte er sagen – bei ihm war tatsächlich der Weg das Ziel.

Die wesentlichen Bewegungen haben das Ziel, dass der Mensch zu sich selber kommt. Aber natürlich gibt es auch Wege und Bewegungen, die von diesem Ziel wegführen oder die nur scheinbar dem Ziel näherbringen.

Die Bewegung selber findet statt zwischen zwei Ruhepunkten: Man geht aus der sicheren Ruhe heraus und hinein in die Unsicherheit der Bewegung, um dann wieder in die Sicherheit der Ruhe zurückzukehren. In diesem Wechsel von Ruhe, Bewegung und wieder Ruhe kann sich der Mensch selber finden – darin liegt der tiefe Sinn dieses Rhythmus.

Wallfahrten im Alltag

Was kann ein ganz normaler und gewöhnlicher Mensch, z.B. ein Buchhalter in seinem Büro, tun, um Bewegung im spirituellen Sinn zu erleben?

Eine solche Bewegung kann man mit einer Wallfahrt vergleichen. Sie ist ja nichts anderes als eine spirituelle Wanderung zu sich selbst und zu Gott. Die Wallfahrer erleben in ihrem Gehen, in ihrer Bewegung und in ihren Ruhepausen eine Wandlung. Wenn sie dann ihr Ziel erreicht haben, sind sie bei sich selber angekommen – und sie haben auch das ganz Andere, vielleicht sogar Gott gefunden.

Wer die Erfahrungen einer solchen Wallfahrt auf den Alltag übertragen möchte, muss seinen Lebensweg sehr bewusst gehen, und zwar in aller Ruhe, einen Schritt nach dem anderen. Oft hilft es, das auch in einem ganz unmittelbaren, körperlichen Sinne zu tun: zwischendurch einmal aufzustehen, sich hinzustellen und ganz bewusst einen Schritt zu machen, der dann wieder in der Ruheposition endet. Die körperliche Bewegung, also der Schritt nach vorn, kann sich dann in eine spirituelle Bewegung umwandeln, wenn man sehr bewusst diesen Schritt tut und diese Bewegung in die Seele aufnimmt. Wenn das gelingt, folgt die Bewegung der Seele – im wahrsten Sinn des Wortes – der körperlichen Bewegung auf dem Fuß. Je bewusster man die physische Bewegung spürt, desto spiritueller wird auch die Empfindung sein.

Viele entdecken dabei, wie schwer es sein kann, bewusst einen Schritt zu machen. Manche joggen in aller Frühe, weil sie dadurch auch geistig in Bewegung kommen. Wer aber eine Stunde lang blind durch die Gegend rennt, findet den Weg zu sich selber nicht, weil er seine körperliche Bewegung nicht bewusst erlebt.

Natürlich kann man sich geistig auch bewegen, ohne einen einzigen Muskel zu rühren. Dazu gehört, dass man sich seine eigenen Standpunkte, Meinungen und Einschätzungen bewusst macht – und auch, dass man sich klar macht, was es bedeutet, jetzt innerlich einen Schritt zu machen, der einen weiterbringt. Denn sich in eine neue Richtung zu bewegen bedeutet auch, den eigenen Standort hinter sich zu lassen. Dazu muss man bereit sein, sich mit der eigenen Angst und Freude, mit Hoffnungen und Trauer auseinander zu setzen – und sich dann tatsächlich von der Stelle zu bewegen.

Bezogen auf das Beispiel des Buchhalters bedeutet Ruhe, dass er in sich ruht und sich auch durch einen nicht gedeckten Scheck nicht gleich aus der Ruhe bringen lässt. Wer vor Angst erstarrt, wenn es Ärger mit Kollegen oder dem Chef gibt, dem fehlt es an innerer Ruhe. Dieser ausgewogene Zustand hat mit Gelassenheit zu tun. Allerdings gibt es auch ein negatives Zerrbild der Ruhe: Stagnation, Resignation, Verhärtung und Verbitterung können dessen Kennzeichen sein, und es ist nicht immer leicht, sie fern zu halten.

In Konfliktsituationen hilft es, sich bewusst fest auf den Boden zu stellen. Wer fest auf der Erde steht, der hat auch eine Beziehung nach oben, zum Himmel. Die Gewissheit dieser inneren Beziehung, der man vertrauen kann, macht unabhängiger von den Leuten und deren Meinungen. Gelassenheit kommt aus der eigenen inneren Ruhe.

Es gibt kein „Entweder-oder" bei Bewegung und Ruhe – keines von beiden darf fehlen. Ruhe und Bewegung sind ein Paar. Kampf und Krampf sind die Folge, wenn sie isoliert auftreten. Dann ist der eine nur noch unterwegs, als ewig Getriebener, der keine Bodenhaftung mehr hat und nie zur Ruhe kommt – und der andere verharrt im Stillstand und friert auf seinem Standpunkt ein als „Fundamentalist", der bewegungsunfähig geworden ist.

Der heilige Benedikt verlangt von seinen Mönchen (wie schon erwähnt) sowohl die „stabilitas" (Beständigkeit, das Bleiben an einem Ort) als auch die „conversio" (Umkehr, Bewegung, Veränderung). So ist das klösterliche Leben ein Spannungsfeld von Ruhe und Bewegung, und zwar körperlich wie spirituell. Das entspricht dem Organismus des Menschen und seiner Sehnsucht nach Entwicklung. Jeder bleibt der Mensch, der er von Geburt an war – und trotzdem verändert er sich im Laufe seines Lebens immer wieder. Dabei hilft ihm – wie den Benediktinermönchen – ein Lebensrahmen, der ihm Ruhe schenkt, und er braucht gleichzeitig die Dynamik der Bewegung, durch die er sich fortwährend weiterentwickelt.

Die Bewegung endet auch dann nicht, wenn der Mensch bei Gott angekommen ist. Denn Ruhe und Bewegung sind ein der Schöpfung innewohnendes Urprinzip, das von Gott kommt und in ihm erlebt wird. Auch die moderne Physik hat nachgewiesen, dass bei den kleinsten Teilchen Ruhe und Bewegung identisch sind – eine Erkenntnis, die das Vorstellungsvermögen des Menschen übersteigt. Und in allen Religionen erfahren Menschen in der Meditation und im tiefen Gebet stärkste Bewegung bei tiefer Ruhe – ein Vorgeschmack auf das Paradies.

Spannung und Entspannung

Ähnlich wie mit Ruhe und Bewegung ist es auch mit Spannung und Entspannung. Der Mensch braucht sie beide. In der Körperzelle, im Herzen, beim Atem – überall gibt es Anspannen und Loslassen.

Ein Leben ohne Spannung ist nicht wünschenswert und auch gar nicht möglich – spannungsfrei ist nur der Tod. Ein durchgängiger Ton ohne Takt und ohne Rhythmus wäre keine Musik. Auch in der Meditation und im Gebet sind beide Zustände da: körperliche Entspannung – bei intensiver geistiger Aufmerksamkeit. Die Benediktinermönche leben nach dem Prinzip „ora et labora". Das ist ebenfalls in gewisser Weise ein Rhythmus im Wechsel von Spannung und Entspannung.

Spannung lässt das Leben klingen – oder zerreißt es

Spannung ist notwendig, weil sie Menschen und Dinge zum Klingen bringt. Nur aus der gespannten Saite steigt ein Ton auf, der in der Entspannung wieder verklingt. Ohne Entspannung endet alles in der Verkrampfung und zerreißt. Entspannung allein macht jeden Vorgang langweilig, lasch, leblos. Deshalb ist der Rhythmus beider so wichtig.

Vom Evangelisten Johannes wird erzählt, dass er in seiner Höhle auf Patmos saß und mit einem Rebhuhn spielte. Da kam ein Jäger des Weges und fragte Johannes, warum er, der große Denker und Mystiker, seine Zeit mit einem Rebhuhn vertue. Johannes zeigte auf den Bogen des Jägers und fragte: „Was passiert, wenn du deinen Bogen ständig gespannt hältst?" „Dann", antwortete der Jäger, „zerbricht er."

Die Geschichte zeigt, dass permanente Spannung ebenso zerstörerisch ist wie dauernde Entspannung. Erst der Rhythmus beider ergibt Leben und Lebendigkeit. Deshalb ist es wichtig, ein Gespür dafür zu entwickeln, ob die Zeiten von Anspannung und Entspannung in einem guten Rhythmus zueinander stehen. Das gilt für den einzelnen Tag, für das Jahr, für das gesamte Leben. Es müssen nicht unbedingt gleich lange Phasen sein – es kommt darauf an, dass Spannung und Entspannung zueinander das rechte Maß haben. Einer kurzen, aber sehr heftigen Anspannung kann eine längere Erholungsphase folgen, und ein anderes Mal sind Anspannung und Entspannung etwa gleich lang – nicht die Zeitdauer ist wichtig, sondern der ausgewogene Rhythmus.

Für Körper und Seele gilt: Es gibt Anforderungen, die bewältigt werden müssen – und danach muss aber auch eine Entspannungsphase folgen.

Auch Entspannung braucht einen Rhythmus

Ideal ist es, wenn dieser Rhythmus so verinnerlicht ist, dass er mühelos gelingt. Dann muss man nicht ständig bewusst darauf achten, den Rhythmus zu halten, sondern man entwickelt dafür ein Gefühl, auf das man sich verlassen kann. Man kann am Morgen zur Arbeit gehen im Wissen, dass man dort gefordert wird. Bei Arbeitsschluss lässt die Anspannung nach und man tritt wie selbstverständlich in die Erholungsphase ein. Wer nur noch „unter Strom" steht und sich nicht mehr entspannen kann, zerstört das Gleichgewicht von Körper und Seele. Jeder weiß aus eigener Erfahrung, dass solche Dauerbelastungen gesundheitliche Folgen haben.

Auch dauernde Entspannung ist kein Idealzustand. Wer kennt nicht Menschen, die nach einem arbeitsreichen Leben in den Ruhestand gegangen sind und in der ersten Phase der Entspannung gestorben sind? Deshalb ist weder der eine noch der andere Zustand allein erstrebenswert, sondern wieder nur der ausbalancierte Rhythmus zwischen beiden.

Spannungsvermeidung ist nicht Entspannung

Manche haben grundsätzlich die Tendenz, Spannung zu vermeiden und Konflikten und Stress aus dem Weg zu gehen. Aber ein „pflegeleichtes" Leben wird bald eintönig. Es gibt Menschen, die im Urlaub wieder Spannung und Herausforderungen suchen: Sie buchen Erlebnis-Urlaube mit Rafting, Drachenfliegen und Bungee-Jumping. Junge Leute gehen in die Disko, nicht um beim Tanzen zu entspannen, sondern um Spannungszustände zu erleben. Die Regenbogenpresse berichtet über das Leben in der Schickeria, wo man außer Partys und Golfspielen nichts mehr zu kennen scheint. Dieses Leben wird auf die Dauer tödlich langweilig. Wen wundert, wenn Menschen in diesem faden Leben den Kitzel von Drogen oder die flüchtige Spannung häufiger Beziehungswechsel suchen? Und wir brauchen gar nicht unbedingt auf die Welt der Reichen zu starren: Das Bedürfnis „ganz normaler" Erwachsener und Kinder, Horrorfilme anzuschauen, entspringt vermutlich auch dem Wunsch, Spannung zu erleben, die es in ihrer normalen Freizeit anscheinend nicht mehr gibt.

Eltern tun ihren Kindern nichts Gutes, wenn sie sie konfliktfrei erziehen wollen. Am Fernseher, im Kino oder am PC wollen die Kinder dann erleben, was ihnen fehlt. Doch die virtuellen Eindrücke sind keine echten Erfahrungen mit Spannung und Entspannung. Sie verhindern das Entstehen von persönlichen Beziehungen und machen die Kinder einsam.

Sportler wissen, wie wichtig Spannung und Entspannung sind. Vor einer Anstrengung dehnen sie ihre Muskeln und Sehnen – und nach dem Wettkampf lassen sie sie entspannen. Nur so sind Höchstleistungen möglich, ohne dass es zu Verletzungen kommt. Auch Yoga-Übungen sind ein Beispiel für diesen permanenten Wechsel von Spannung und Entspannung.

Auch in Beziehungen zwischen Menschen ist der Wechsel von Spannung und Entspannung unentbehrlich. Wenn es zwischen den Partnern keine Auseinandersetzungen zu persönlichen und sachlichen Fragen gibt, wird eine Ehe bald leer und hohl. In einer gesunden Streitkultur finden die Teilnehmer Spannung und Entspannung im richtigen Maß. Sie setzen sich mit Menschen und Themen auseinander, reden Tacheles – und versöhnen sich wieder. Dieser Wechsel von Spannung und Entspannung ist freilich nicht immer leicht auszuhalten. Im Betrieb nehmen viele lieber ihren Hut und gehen, statt sich im Wechsel von Spannung und Entspannung den Problemen bei der Arbeit und mit Kollegen zu stellen. Sie suchen konfliktfreie Betriebe, aber die gibt es nicht – und es macht auch keinen Sinn, sich Herausforderungen zu verweigern. Wichtig ist, dass es nicht allein bei der Anspannung bleibt, sondern dass im rechten Rhythmus Zeit bleibt für Entspannung. Denn dauernde Anspannung hält kein Mensch aus.

Das Anspannen und Entspannen einzuüben ist nicht schwer – es geht fast überall: Man kann sich zum Beispiel auf einen Stuhl setzen und bewusst einen Muskel nach dem anderen anspannen und wieder lockern; ähnliche Übungen kann man auch machen, wenn man auf den Bus wartet oder in der U-Bahn fährt.

Viele Krankheiten entstehen aus zu viel Spannung oder zu viel Entspannung. Wenn ein Mensch in sich keine Spannung hat, sind Venenleiden, niedriger oder hoher Blutdruck und Kreislaufprobleme häufig die Folge. Bei zu viel Spannung, also bei Stress, drohen ihm Krankheiten am Herzen, bis hin zum Infarkt.

Wer den richtigen Rhythmus von Spannung und Entspannung gefunden hat, wird in seinem Leben – ob Arbeit, Beziehung oder Freizeit – sehr effizient sein können. Von Mönchen sagt man, dass sie niemals Ferien brauchen. Wovon sollen sie sich auch erholen? Sie leben Tag für Tag in einem vernünftigen Rhythmus, so dass nur selten Störungen auftreten. Dieser ausgewogene Lebensrhythmus ist die beste Gewähr für Gesundheit an Leib und Seele.

Vom Sinn der Arbeit

Viele Menschen haben Mühe mit ihrer Arbeit, obwohl sie doch so schön organisiert ist: der immer gleiche tägliche Arbeitsbeginn, die Pausen, das Arbeitsende. Und eine Fülle von Vorschriften regelt alles – von der exakten Beschreibung der Tätigkeit bis zur Bezahlung, von Schutzmaßnahmen gegen Unfälle bis zum Tariflohn, vom Urlaub bis zur Überstunde.

Trotzdem gibt die Arbeit den meisten Leuten offenbar wenig Befriedigung. Für viele hat die Arbeit, die sie verrichten, keinen Sinn mehr. Ist Arbeit nur dazu da, damit der Mensch Geld verdient und sich etwas leisten kann? Oder ist Arbeit nur etwas, was man braucht, um sich irgendwie zu beschäftigen?

Was Arbeit sinnlos und bedrückend macht, ist die Fremdbestimmtheit: Menschen werden Teil eines Produktionsablaufs, der störungsfrei und vor allem effizient sein soll. Deshalb wird er bis ins Detail durchorganisiert – häufig überschaut der Einzelne den Gesamtablauf nicht. Ziel der Arbeit ist nur noch das Endprodukt. Wenn es allein auf das Ergebnis ankommt, dann ist die Arbeit nicht mehr Bestandteil eines ganzheitlichen Lebensrhythmus.

Arbeit und Beruf sind wichtig, weil die Menschen damit wesentlich ihr Leben gestalten. Doch es ist ein Irrweg, diesen Bereich aus dem übrigen Leben herauszulösen und ausschließlich unter die Gesetze der Optimierung und Effizienz zu stellen. Dieser Bruch ist verhängnisvoll, weil dann die

Menschen ihre Arbeit nur noch als Geldbeschaffung empfinden – für sich selber oder für die Firma. Auch die Gewerkschaften verlieren über den materiellen und sozialen Verbesserungen oft die Sinnbestimmung der Arbeit aus dem Blick.

Arbeit ist jedoch ein geistiger Prozess, in dem sich der Mensch in seiner Persönlichkeit entwickeln und entfalten kann. Deshalb liegt der Wert der Arbeit nur zum Teil im Ergebnis, das am Ende in Form eines Produktes herauskommt, sondern vor allem in der Chance für den Menschen zur schöpferischen Verwirklichung seiner Fähigkeiten und zur sozialen Entfaltung in der Zusammenarbeit mit Kollegen, zu denen Beziehungen aufgebaut werden. Das Miteinander in der Werkstatt, der eigene, verantwortungsbewusste Beitrag zum Gelingen der Arbeit, das Gespräch mit anderen, das Ausruhen in der Pause – wer Arbeit richtig versteht und annimmt, erhält dafür einen Lohn, der nicht nur aus Geld und Urlaub besteht. Dass dann sogar besser, fehlerfreier und effizienter gearbeitet wird, ist in vielen Untersuchungen nachgewiesen worden. Die stumpfsinnige Fließbandarbeit, einst gerühmt für ihre Effizienz, machte die Menschen krank, die monotonen Handgriffe führten zu Unachtsamkeit und zu Fehlern, die Arbeiter hatten keine Bindung an das Unternehmen und kein Interesse an den Produkten – es trat das Gegenteil dessen ein, was man sich von dieser Rationalisierung erhofft hatte.

Die Möglichkeit, selbständig etwas zu tun, und Raum für die Entfaltung der Beziehungen der Menschen untereinander sind die Bedingungen für effektive Teamarbeit. Und weil die Mitarbeiter nicht alle die gleichen Fähigkeiten besitzen, muss sich ein Team gut aufeinander einstellen und auf Schwächere, Langsamere, Eigenbrötler, vielleicht auch auf Jähzornige oder Drückeberger Rücksicht nehmen. Das erfordert Kreativität und Gemeinsinn – in der Entwicklung solcher Werte und in der Bewältigung von Schwierigkeiten können die Menschen in ihrer Arbeit einen Sinn erfahren. Tarifliche Regeln und bloße Vorschriften, wie die Arbeit organisiert werden soll, reichen meist nicht aus, um Störungen und Fehler zu verhindern.

Es wäre sehr zu begrüßen, wenn schon die Kinder lernen würden, wie man zusammenarbeiten oder wie man sich in einem Team gegenseitig ergänzen kann. Wichtiger als manches bloße Faktenwissen ist die Erfahrung, wie man mit anderen umgeht, mit ihnen teilt und aus Schwierigkeiten gemeinsam doch noch einen Erfolg machen kann.

Teamarbeit oder Vereinzelung

In der Regel des heiligen Benedikt gibt es einen Hinweis, wie sich die Mönche bei ihrer Arbeit im Kloster verhalten sollen. Am wichtigsten sind ihm die Zusammenarbeit und der Konsens. Wenn dadurch dem Kloster auch noch Gewinn gebracht wird – umso besser. Aber die Arbeit der Mönche soll nicht in erster Linie auf den Gewinn gerichtet sein.

Das Gegenbild zur Teamarbeit ist der isolierte Einzelkämpfer. Die neuen elektronischen Techniken brauchen das Büro als Kommunikationsraum nicht mehr – jeder kann seinen PC daheim aufstellen und sich übers Internet mit der Firma verbinden. Die Kollegen sitzen dann nicht mehr zusammen und reden über ihre Arbeit – sie telefonieren nicht einmal mehr miteinander, weil sich per E-Mail und Fax die Informationen schnell und kostengünstig hin- und herschicken lassen.

In großen Beratungsunternehmen wird die Arbeit schon so optimiert, dass ein Ein-Mann-Büro gleich von zwei oder drei Mitarbeitern genutzt wird. Denn die Berater sind nie gleichzeitig im Haus – und wenn sie einzeln kommen, haben sie alles bei sich, was sie zur Arbeit brauchen: ihre Geschäftsunterlagen, den Laptop, ihr Diktiergerät – im Büro stehen der leere Schreibtisch, das Telefon und die Netzanschlüsse zur Verfügung.

Diese virtuellen Beziehungen sind jedoch „un-menschlich". Niemand mehr sagt „Guten Morgen", es gibt keinen Händedruck, keinen kollegialen Rat. (Als Ersatz wird manchmal der Computer so programmiert, dass er seinen User zu jeder Tages- und Nachzeit freundlich begrüßt, wenn er eingeschaltet wird.) Mit Hilfe moderner Computerprogramme wird die Arbeit technisch perfektioniert, aber zugleich entpersönlicht.

Der Lebensrhythmus, der sich nach dem menschlichen Takt richtet, wird durch solche Arbeitstechniken zerstört – eine Gefahr für jeden, der in solche Netzwerke eingebunden ist.

Ebenen der Sinnfrage

Menschliches Leben läuft, auch am Arbeitsplatz, auf verschiedenen Ebenen ab, auf denen sich die Menschen mit ihrem Denken und Handeln, mit Wünschen und Pflichten ständig hin- und herbewegen. Auf all diesen Erfahrungsebenen sucht der Mensch Sinn. Das tut er natürlich als Kind anders als im Alter von dreißig, und er setzt sich in der Lebensmitte mit anderen Fragen auseinander als im hohen Alter, wenn ihn Krisen und Enttäuschungen geprägt haben. Je älter ein Mensch wird, desto mehr beschäftigen ihn Sinnfragen wie: Warum bin ich hier? Was ist meine Aufgabe? Was möchte ich nicht unerledigt zurücklassen, wenn ich eines Tages von dieser Welt gehe?

Die Frage nach dem Woher und Wohin berührt den Urgrund des Daseins, Gott. Der Mensch tritt in Beziehung zum Schöpfer – der eine tut es im Gebet, ein anderer in der Meditation. Die Berührung mit Gott ist das tiefste Erlebnis, das ein Mensch haben kann.

Auf einer zweiten Ebene lebt der Mensch in seiner Familie, mit Freunden, in der Stadt oder auf dem Land. Die Erfahrungen, die er auf der geistigen Ebene gemacht hat, werden auch sein Verhalten mit den Menschen in seinem Umfeld prägen. Wer in der Gottesbeziehung Liebe erfahren hat, wird den Freund nicht auszunutzen, den Vater nicht betrügen, den Nachbarn nicht belügen.

Dieses Prinzip gilt auch für die dritte Ebene, in der Beruf und Arbeit angesiedelt sind. Wieder kommen dem Menschen die Erfahrungen zugute, die er auf den anderen beiden Ebenen macht. Er wird diese Erfahrungen auch bei der Arbeit beachten, um sich nicht selber untreu zu werden. Der Lebensrhythmus, der ihm auf den beiden anderen Ebenen Sinn und Orientierung gibt, setzt sich auch in der Arbeitswelt fort.

Ein Mensch, der diesen Rhythmus auf allen seinen Ebenen zu wahren versteht, kann glücklich und erfüllt leben.

Arbeit und Spiritualität

Denn Arbeit ist mehr als Geldverdienen, sie ist ein spiritueller Prozess. Und sie ist immer auch eine Begegnung mit Gott, dem Schöpfer, dessen Kreativität sie in gewisser Weise abbildet. Der Mensch als Gottes Ebenbild kann sich verwirklichen, indem er ebenfalls die Arbeit schöpferisch erlebt und in ihr Lebenserfüllung findet. So leistet er einen Beitrag zum Gesamtwerk – egal ob er dies als Müllfahrer tut, als Kaufmann, als Künstler oder als Forscher und Lehrer.

Eine gute Zusammenarbeit mit Kollegen erleichtert diese kreative Entfaltung, die der Sehnsucht der Menschen nach einer sinnvollen Tätigkeit entspringt. Daher ist es schwer verständlich, dass Unternehmer und Manager ihre Betriebe nicht in größerem Maße so führen, dass die Arbeit den Beschäftigten Freude macht. Dazu müsste allerdings vieles verändert werden: Vorschriften, die Gestaltung des Arbeitsplatzes, Organisationsstrukturen. Die gefertigten Produkte wären dann wahrscheinlich besser, weil der Arbeitsprozess harmonischer abliefe und weniger störungsanfällig wäre.

Arbeit kann dem Menschen die Entfaltung der eigenen Persönlichkeit ermöglichen. Solange es bei der Arbeit jedoch einseitig um Geldverdienen und Gewinn geht, verfehlt sie ihren tieferen Sinn. Dabei könnte die Arbeit ein wunderbares Lernfeld sein, in dem der Mensch in Beziehung zu anderen seine sozialen Fähigkeiten entwickelt – zum Vorteil für sich selber, für die Kollegen und für den Betrieb.

Spirituelles Leben kann und muss sich auch am Arbeitsplatz und unter Kollegen entwickeln. Aufmerksames Zuhören, Rücksichtnahme auf andere, bewusstes Eingehen auf die Menschen, mit denen man zu tun hat, und die Achtung vor den kleinen, unscheinbaren Lebensereignissen fördern geistliches Leben – und machen jede Arbeit interessant und lohnenswert.

Der Lebensrhythmus der Mönche

Der Lebensrhythmus der Benediktinermönche ist bestimmt durch das Motto „ora et labora" – „bete und arbeite". In der gegenwärtigen Spaßgesellschaft empfinden viele Menschen das eine als anstrengend, das andere sogar als abwegig, beides jedenfalls als nicht attraktiv.

Die Arbeit wird allzu oft so erlebt, dass sie beziehungslos macht, dass sie fremdbestimmt und im wahrsten Sinn des Wortes „sinn-los" ist. Sie wird mit dem Zwang eines Plan-Solls, mit Produktion und Leistung, mit Erfolglosigkeit und Ausbeutung assoziiert. Zum Gebet finden viele überhaupt keinen Zugang mehr. Gott, dem das Gebet gilt, wird ebenso wie der Arbeitgeber als abzulehnende Autorität angesehen – wobei man Gott, wie es scheint, immerhin leichter loswerden kann als den Unternehmer.

Außerdem scheint das Lebensprinzip „ora et labora" etwas ganz Wesentliches zu vergessen, nämlich die Freizeit. Viele Menschen arbeiten nicht zuletzt deshalb, um sich Freizeit leisten zu können. Und gerade dieses so wichtige Gut scheinen die Mönche nicht zu haben und wohl auch nicht zu brauchen.

Umso überraschender ist, dass es seit 1500 Jahren Mönche gibt, die mit dieser Grundhaltung gut und sinnvoll leben können – und die darüber hinaus für die menschliche und gesellschaftliche Entwicklung vieles geleistet haben. Die Rettung des Erbes der antiken Kultur und die Kultivierung ganzer Landstriche sind zum guten Teil ihr Werk – von der Kunst des Bierbrauens oder der Entwicklung von Arzneimitteln aus den Kräutern der Klostergärten ganz zu schweigen.

Kann ein Lebensrhythmus so abwegig sein, der solche Früchte gebracht hat?

Gebet und Arbeit im Einklang

Die Benediktinerregel versteht Gebet und Arbeit anders, als wir das heute allgemein tun. Gebet und Arbeit sind eine Einheit, beides hat als Ziel die Verherrlichung Gottes. Diese

Verherrlichkeit Gottes ist das eine Ziel, dem alle einzelnen Tätigkeiten des mönchischen Lebens untergeordnet sind. Gebet ist nicht nur ein geistliches und Arbeit nicht nur ein materielles Tun, sondern beide Tätigkeiten zusammen sind eine Möglichkeit, spirituelle Erfahrungen zu machen, wenn sie in einem guten Maß einander zugeordnet sind.

Mönche gestalten also ihre gesamte Zeit durch Gebet und Arbeit. Wenn das wirklich gelingt, haben sie in gewisser Weise immer Freizeit, weil durch den guten Rhythmus und das gute Maß keine Überlastungen und kein Leerlauf, kein Stress und keine Langeweile entstehen.

Deshalb ordnet der heilige Bendedikt den Tag, die Woche und das Jahr in einem gesunden Rhythmus. Keiner soll überlastet werden, die Brüder sollen sich gegenseitig helfen, damit alle in Frieden beten und arbeiten können. Auf Schwächen und Stärken soll Rücksicht genommen werden – und in jedem Fall sollen langweiliger Leerlauf und Nichtstun, das heißt ein bewusst-loses Leben, vermieden werden.

Ehrfurcht als Grundlage

Solches Handeln und Leben erfordert aber als Grundlage eine entsprechende Einstellung und ein neues Denken.

Die Ehrfurcht ist die Grundlage von Gebet und Arbeit. Dabei ist die Ehrfurcht vor Gott ebenso wichtig wie die Ehrfurcht vor dem Menschen, vor den Dingen, auch vor der Arbeit selbst und ihren Produkten. Ehrfurcht hat mit dem demütigen Staunen davor zu tun, als Mensch mit Gott schöpferisch tätig sein zu können. Ein ehrfürchtiger Mensch neigt sich beim Gebet und bei der Arbeit gleichermaßen liebevoll dem „Werk Gottes", dem „opus dei", zu. Zuneigung ist ein anderes Wort für Liebe. Dabei kommt es nicht so sehr darauf an, ob man seine Zuneigung in einer Verneigung beim Gebet ausdrückt oder sich aufmerksam einer Arbeit zuneigt. Diese Zuneigung verbindet nicht nur mit einer Sache oder einem Menschen, sondern sie verbindet auch mit Gott, der sich selbst dem Menschen und seiner Schöpfung zuneigt. Verneigung und Zuneigung sind Bewegungen des Leibes und der

Seele. Und nur der, der in sich selbst steht, der immer wieder bei sich selbst ist, kann sich zuneigen und lieben.

Beziehung ermöglichen

Nicht selten scheint es so zu sein, dass Gebet und Arbeit nicht nur ohne Beziehung sind zu anderen und zu einem selbst, sondern dass sie lebendige Beziehungen sogar behindern. Das erlebt man oft in Gottesdiensten, in denen der Einzelne weder zu sich selbst noch zu anderen eine Beziehung wahrnimmt. Dasselbe gilt für viele Arbeitsprozesse. Man fühlt sich als Rädchen im Getriebe, als beliebig ersetzbar. Die Gespräche und der Austausch sind auf ein Minimum reduziert, oft auf Fragen, die den Arbeitsbetrieb selbst betreffen.

Die Regel des heiligen Benedikt will durch Gebet und Arbeit die Beziehungen zwischen den Mönchen, zu den Menschen, die ihnen begegnen, und vor allem zu Gott fördern.

Es beginnt schon damit, dass die Mönche, wenn sie im Chor ihr gemeinsames Gebet singen wollen, unbedingt aufeinander hören und sich aufeinander einstimmen müssen. Sie brauchen Beziehung zueinander, sonst wird das Gebet unmöglich. Aufeinander hören und miteinander einer gemeinsamen Beziehung zu Gott durch die Stimme und den Gesang Ausdruck geben – das ist die Grundlage für das gemeinschaftliche Leben und Arbeiten der Mönche. Arbeit im Kloster dient deshalb nicht nur dazu, Geld einzubringen, sondern soll vor allem eine Beziehung zueinander und zu Gott zu ermöglichen.

Leider wird auch in Klöstern immer seltener miteinander gearbeitet. Die Mönche werden zu Einzelkämpfern – und deshalb wird die Arbeit für sie auch immer sinn-loser. Gebet und Arbeit werden dann zur Last, wenn sie keine Beziehungen ermöglichen oder wenn die Beziehungen der Betenden oder Arbeitenden so mühevoll sind, dass alles zur Qual wird.

Bevor man mit jemandem beten und arbeiten kann, ist es notwendig, die Beziehungen zu klären und zu ordnen. Man muss das, was man tut, aufeinander abstimmen. Und vielleicht kann auch darüber hinaus sinnvolle Beziehungsarbeit geleistet werden. Dazu kann dann die Klärung der Fragen gehören: Wer bin ich? Wer bist du? Auf welche Werte, welchen Glauben bauen wir? Welches Ziel haben wir, welches habe ich im Leben?

Die Verständigung darüber fördert das innere Übereinstimmen und einen gemeinsamen Rhythmus.

Wie das Gebet einen gemeinsamen Rhythmus braucht, so braucht ihn auch die Arbeit. Dieser Rhythmus entsteht durch inneren Konsens und gemeinsame Festlegung der äußeren Bedingungen – dann wird er befreiend und entlastend.

Das gute Maß

Der heilige Benedikt nennt das gute Maß die Mutter aller Tugenden. Es schließt Mittelmäßigkeit, Maßlosigkeit und Kleinlichkeit aus – das gilt für Gebet und Arbeit gleichermaßen.

Ein alter Mönch sagte einmal: „Maßvoll leben heißt: nichts übertreiben! Sonst wird alles zum Unfug, das Essen, das Reden, das Arbeiten und das Beten."

Mit dem guten Maß ist vor allem ein ausgewogener Rhythmus zwischen Schlafen und Wachsein, Ruhe und Bewegung, Gebet und Arbeit gemeint.

Über-treibungen zeigen meistens, dass ein Mensch ge-trieben wird – von seinen Wünschen und Befürchtungen, von Ängsten oder Überheblichkeit, von Sehnsüchten oder Unfrieden mit sich, mit anderen Menschen und mit der Welt. Das kann zu Missstimmungen und zu Krankheiten führen, die kein Medikament heilt – es sei denn, das gute Maß wird wieder gefunden. Mönche bemühen sich um dieses gute Maß, wenn sie ihren Tag vernünftig ordnen.

Dazu ist nicht nur der äußere Rahmen wichtig, sondern auch die innere Gestimmtheit und Überzeugung, die Basis des gemeinsamen Glaubens oder der gemeinsamen Gottsuche, wie Benedikt es nennt. Um wie ein gutes Instrument in einem Orchester zu klingen, braucht es auch Stabilität, Festigkeit, einen Standpunkt für die Füße, aber auch für die Meinung. Die Mönche formulieren diese Haltung in ihrem Gelübde der stabilitas, der Beständigkeit. Gleichzeitig muss diese Stabilität durch immer neue Bewegung und Beweglichkeit ergänzt werden, wie sie in der Benediktus-Regel mit „conversio" umschrieben ist.

Basis für beide Einstellungen, die Beständigkeit und die Bewegung, ist das Hören – als Einzelner und in einer Gemeinschaft, das Hören aufeinander und auf Gott. Die Mönche formulieren das in ihrem Gelübde des Gehorsams, des gemeinsamen Hörens.

Diese drei Grundhaltungen ergeben in der Dynamik des Lebens einen Rhythmus, der durch Höhen und Tiefen hin zu Gott, dem Ziel des Lebens, führt. Wird auch nur eine missachtet oder verletzt, ergeben sich Dissonanzen, die beides, Gebet und Arbeit, empfindlich stören können.

Natürlich muss man sich um diese Grundhaltungen immer bemühen und daran arbeiten, sie zu entwickeln. Dann sind Gebet und Arbeit wirklich Lobpreis des Schöpfers.

Erfüllte Zeit

Haben Mönche keine Freizeit?

Vielleicht haben sie mehr, als Außenstehende erahnen. Denn Freizeit ist ja nicht unbedingt die Jagd nach Erlebnissen oder das Sonnenbad am Meeresstrand.

Freizeit bedeutet, innerlich und äußerlich frei zu sein, Freiraum und Gestaltungsmöglichkeiten zu haben für sich selber, für seine Beziehungen und für Gott.

In ihrer Freizeit möchten Menschen ihr Sein erfahren. Meistens ändern sie in diesem Freiraum ihren Rhythmus – das ist entscheidend.

Viele Menschen gehen ins Kloster und leben im Rhythmus der Mönche – und einige wenige werden Mönche, um für immer diese Frei-zeit zu haben. Freilich ist dieser Rhythmus auch für Mönche nicht immer leicht zu halten. Die Erfahrungen, die Gäste im Kloster machen können, lassen sich aber wohl auch auf andere Lebenssituationen übertragen.

Da ist zum einen die ausgewogene Tagesstruktur mit dem Wechsel von Gebet und Arbeit. Auch Regeneration und Bewusstwerden ist eine Tätigkeit, die Kraft verlangt. Außerdem ist das Gebet in der Gemeinschaft der Mönche eine gute Einübung, um frei zu werden. Aufstehen, sich niedersetzen, sich verneigen und miteinander singen sind gute Lernfelder, in denen ein Mensch innere und äußere Freiheit erfahren kann.

Trotz aller Begrenzungen führt diese Erfahrung der Freiheit zu einer neuen Wahrnehmung seiner selbst, der anderen Menschen, des Lebens überhaupt. In einem kleinen Schritt der Grenzüberschreitung, der Veränderung, ist es möglich, eine neue Ahnung vom Leben und von Gott zu bekommen. Gotteserfahrung ereignet sich ja nicht nur an bestimmten, ausgewählten Orten, sondern im alltäglichen Leben: am Küchenherd, im Klassenzimmer, am Arbeitsplatz. Wenn diese Räume und Zeiten und das Leben darin in einem guten Rhythmus gestaltet sind, wird die Erfahrung eines Lebens in Fülle möglich.

Jeder Tag braucht seine Struktur

Menschen können ihren Rhythmus finden, indem sie bewusst Beziehungen aufbauen. Dazu gehört, was Antoine de Saint-Exupéry im „Kleinen Prinzen" gesagt hat: Es muss feste Bräuche geben. Vielleicht hilft es, sich zum Beispiel jeden Mittwoch Abend um sieben Uhr mit einem Freund zu treffen, mit ihm zu reden, zu essen und zu trinken. Feste Bräuche sind für eine Beziehung sehr förderlich. Dazu sind nur ein Raum und eine Zeit notwendig – schon wird daraus ein Rhythmus.

Um das Leben in einen normalen Rhythmus zu bringen, ist es außerdem hilfreich, seinen Tag, seine Woche, sein Jahr zu strukturieren. Das gilt besonders für Menschen, die allein leben. Wenn ein Tag seinen Rhythmus hat, kommt der Mensch in Beziehung zu sich selber. Ohne Tagesrhythmus steht er früh beliebig auf, geht irgendwann zu Bett – es passiert nichts, weil der Mensch keine Fixpunkte hat. Er verbleibt in der Beliebigkeit, weil er seine Zeit nicht ordnet. Er richtet sich auch nicht nach den Jahreszeiten der Natur – die Beliebigkeit zerstört den Rhythmus.

Tagesrhythmen und Spielräume

Wie kann man seinen Tag sinnvoll einteilen?

Dem Tag oder der Woche Struktur zu geben, darf nicht verwechselt werden mit Terminplanung. Der Lebensrhythmus braucht „Spielräume" – unter der Woche ebenso wie am arbeitsfreien Wochenende. Es wäre unklug, die Tage bis zur letzten Minute zu verplanen.

Während des Tages, egal wie ausgefüllt er ist, sollte man Pausen einlegen, um sich wenigstens für einige Momente aus dem Druck der Pflichten herauszuholen. Die Maurer machen es vor: Um sieben in der Früh haben sie angefangen, um neun wird Brotzeit gemacht, Mittagspause ist um zwölf, am Nachmittag gibt es das berühmte Drei-Uhr-Bier – und um fünf ist Schluss.

Natürlich ist es nicht leicht, den Tag in rhythmische Stufen einzuteilen, und oft ist es nicht möglich, den Rhythmus einzuhalten, aber man sollte es wenigstens versuchen. In den Klöstern hat es früher die Stundenglocke gegeben – und im Augenblick des Glockenläutens haben die Mönche innegehalten, um für ein paar Minuten bei sich selber zu sein. Man kann ja auch eine elektronische Armbanduhr zu einer modernen Stundenglocke umfunktionieren: Sie piepst dann zu jeder vollen Stunde und erinnert daran, die Arbeit zu unterbrechen, damit man wenigstens ein paar Atemzüge lang nur bei sich selber sein kann. Sogar so winzige Pausen können einen aus dem oft trübseligen Arbeitstrott herausbringen – und warum soll das Piepsen immer nur an Termine und Telefonate mahnen?

Wie der Morgen, so der Tag

Im Benediktinerkloster beginnt der Morgen bereits mit dem Abend vorher. Wie die Mönche den Abend beenden, so beginnen sie den neuen Tag. Dieses Prinzip gilt auch außerhalb der Klostermauern. Wer spät abends schwer ins Bett sinkt, weil er zu viel getrunken hat, beginnt den nächsten Tag mit einem Kater. Man kann den Tag nicht strukturieren, ohne den Abend vorher mit einzubeziehen.

Der Tag selbst beginnt am Morgen mit dem Aufstehen. Aufstehen heißt, dass sich der Mensch von einer Position in eine andere begibt – von der nächtlichen Ruhe in die Bewegung des Tages. Dieser Übergang in den Wachzustand sollte ganz bewusst geschehen. Viele öffnen ihre Augen – und bleiben noch einige Zeit liegen, dehnen und räkeln sich und nehmen sich auf diese Weise sehr bewusst wahr. Danach stehen sie mit langsamen Bewegungen auf – ein Ritual, das sich jeden Tag wiederholt. So beginnt der Tag mit einem guten Rhythmus.

Das Gegenteil von diesem bewussten Tagesanfang kann man oft in U-Bahnen, Bussen und Zügen beobachten. Die Menschen, die in den Städten früh zur Arbeit fahren, sitzen und schlafen – sie sind in Wahrheit noch gar nicht aufgestanden, obwohl sie schon unterwegs sind. Vermutlich sind sie am Abend vorher übermüdet ins Bett gegangen und müssen morgens die 30 Minuten Fahrzeit dazu benutzen, um noch einen Teil der Nacht nachzuholen.

Sich beim Aufstehen sehr bewusst wahrzunehmen, ist ein wunderbarer Tagesbeginn. Nach dem Aufstehen kann man sich erst einmal vor den Spiegel stellen und sich anschauen. Man betrachtet sich – vielleicht fühlt man sich an diesem neuen Morgen gut, vielleicht auch nicht. Nimm dich an, wie du bist. Es ist, was ist.

Am Morgen brauchen der Leib und die Seele Sorgfalt. Man reinigt sich – das ist mehr, als sich schnell zu waschen. Man kleidet sich an – auch das ist mehr, als nur in die Klamotten zu springen. Anschließend setzt man sich an den Tisch und isst in Ruhe etwas. Viele schlingen hastig eine Semmel hinunter, während sie hin und her rennen und an einer Tasse Kaffee schlürfen. Der Mensch ist kein Auto, das schnell aufgetankt wird und dann losfährt. Menschen brauchen für diese ersten Tätigkeiten am Tag Ruhe und Zeit, damit sie ihre Aufmerksamkeit zu sich selbst hinwenden können.

Wer sich seiner selbst sicher ist und in sich ruht, beginnt den Tag anders als einer, der sich mürrisch aus dem Schlaf reißt und gleich losstartet. Wenn man so mit einer Maschine umgeht, wird sie bald kaputt sein – und der Mensch soll das aushalten?

Der Morgen kann den ganzen Tag prägen – und wird leider zu wenig beachtet.

Da gibt es auch noch das gute, alte Morgengebet, das heute gern als altmodisch abgetan wird. Aber mit dem Morgengebet hat man eine wunderbare Möglichkeit, sich in eine Beziehung zu Gott und der Welt zu setzen und sich in den großen Zusammenhang der Schöpfung einzufügen. Wer nicht beten will, kann auch einen guten Text lesen oder eine Körperübung machen – es muss nicht nur etwas Religiöses sein. Wichtig ist, sich durch einen solchen Tagesbeginn bewusst in einen größeren Zusammenhang hineinzustellen.

Es gibt viele Morgenübungen. Manche machen die „fünf Tibeter", andere ein Sonnengebet, wie es im Yoga geübt wird – es reicht aber auch, jeden Tag ein bestimmtes Bild zu betrachten, zu dem man eine Beziehung hat. Wenn diese Übung jeden Morgen wiederholt wird, wird sie zu einem Ritual – und der Tag fängt gut an.

Danach kann man sich den Menschen und der Arbeit zuwenden, also in den „Tagesrhythmus" eintreten.

Über Möglichkeiten, den Arbeitsalltag zu strukturieren, haben wir in den Kapiteln über Arbeit und über Pausen einiges gesagt.

Kochen und Essen

Auch dem Feierabend sollte man bewusst eine Struktur geben – und das ist wieder für Singles besonders wichtig. Man kann zum Beispiel nach der Arbeit heimgehen und etwas für sich kochen. Kochen ist eine kreative Tätigkeit, die Gestaltung und Zuwendung braucht. Denn Kochen ist mehr als nur die Zusammenstellung von Kalorien, die man sich einverleibt. Wer kocht, beschäftigt sich mit sich selber – er denkt nach, was ihm bekommt, was ihm schmeckt, was er gut verdaut. Zu überlegen, was man kocht, dann das sorgsame Aussuchen der Zutaten, die Beschäftigung mit Gewürzen und Kräutern – das alles ist ein guter Ausdruck einer gesunden Sorge für sich selbst. Die bewusste Zusammenstellung von Dingen, die schmecken und bekommen – ein kreativer Kochakt ist ein einfacher und sinnvoller Übergang von der Arbeit in den Abend.

Anschließend isst man, was man gekocht hat. Dieses Abendessen kann man bedächtig genießen, ohne nebenher noch etwas anderes zu tun – nicht die Zeitung lesen, nicht den Fernseher einschalten oder über irgendetwas nachdenken: Du bist mit deinen Gedanken beim Essen und bei dir, nirgends sonst.

Am Abend Frieden schließen

Am Abend ist es gut, den Tag zu reflektieren und all das noch einmal in Gedanken vorüberziehen lassen, was dieser Tag gebracht hat. Aber man sollte die einzelnen Geschehnisse nicht bewerten, sondern sie einfach betrachten und annehmen – so war es halt. Es bringt wenig, bestimmten Ereignissen nachzutrauern. Sie sind vorbei, unwiderruflich.

Diese Reflexion sollte möglichst nicht ganz am Ende des Tages stattfinden, wenn man schon im Bett liegt, sonst ist man dafür zu müde und schläft gleich ein. Viele führen diese Reflexion als Ritual durch. Wenn sie zu Hause sind, zünden sie eine Kerze an, setzen sich zwanzig Minuten hin und betrachten den zurückliegenden Tag. Andere kommen heim, legen eine gute Musik auf – vielleicht sogar jeden Tag dieselbe! – und genießen für einige Zeit die Musik. Wieder andere setzen sich erst einmal hin und meditieren zwanzig Minuten lang. Oder sie kümmern sich um ihre Blumen, gießen sie, betrachten sie, berühren sie, sprechen mit ihnen.

Wie immer man den Tagesabschluss im Einzelnen gestaltet, es ist jedenfalls gut, den Tag nicht beliebig auslaufen zu lassen, sondern ihn bewusst abzuschließen. Der Tagesabschluss und die Achtsamkeit beim Aufstehen sind Rituale, die deinem Tag einen guten Anfang und ein gutes Ende geben.

Die bewusste Beendigung des Tages hilft dabei, am nächsten Morgen einen neuen Abschnitt zu beginnen – sonst wälzt sich der Alltag wie eine unendliche Wurst weiter.

Wochenende ohne Stress

Das Wochenende kann man ebenfalls mit solchen Ritualen gestalten. Es wäre unklug, die freien Tage mit Terminen zu überhäufen oder sie zu verschlafen, weil dann den Tagen ein Rhythmus fehlt, der zur Freude am Leben beiträgt. Zwei Erholungstage am Wochenende, die du zweckfrei genießen kannst – welches Geschenk!

Bereits den Eintritt ins arbeitsfreie Wochenende kann man bewusst vollziehen. Der eine holt sich am Samstag früh immer zur gleichen Zeit in der gleichen Bäckerei das gleiche Stück Pflaumenkuchen, das er dann daheim mit einer Tasse Kaffee in Ruhe genießt. Andere gehen stets zur selben Stunde auf den Markt. Dort kaufen sie ein und treffen immer auch die gleichen Leute – hinter dem Gemüsestand und davor. Da sitzen sie, die scheinbar zufällig zusammengewürfelten Marktfreunde, trinken zusammen etwas – und dann gehen sie alle wieder heim, jeder in seine Richtung. Das ist bereits ein Teil eines Lebensrhythmus.

Jetzt darfst du endlich … nichts tun. Das ist gar nicht einfach. Eine der härtesten Übungen ist es, sich hinzusetzen, vielleicht auf eine Parkbank oder an den Waldrand, und eine Stunde lang nichts zu machen, nur die Luft zu betrachten. Manche glauben, dass man so die Zeit vertrödelt. Doch es kann eine eigene, sehr bewusst getroffene Entscheidung sein, nichts zu tun. Man sitzt einfach da, ist hellwach und lässt Gedanken an sich herankommen. Aber man zwingt sie nicht herbei, sondern lässt sie auftauchen und vorbeiziehen.

Viele Menschen schlagen in ihren Erholungsphasen die Zeit tot, indem sie von einem Privattermin zum anderen rennen, um bloß nichts zu versäumen – hier eine Party, dort eine Vernissage, abends das Fitness-Studio, danach die Disko. Wenn sich Körper und Seele regenerieren sollen, muss man doch „entschleunigen“: etwas bewusst ganz langsam tun, sich Zeit lassen, einen Gang zurückschalten. So nehmen wir wahr, was um uns herum und in uns geschieht.

Viele werden sich noch an die Zeit erinnern, als es das „Samstags-Bad" gab. Es war für die gesamte Familie ein Ritual der Pflege, der Reinigung, des Ausruhens. Auch heute kann man sein Leben bedächtig und ohne Stress gestalten, indem man Vorgänge beständig wiederholt und wie Rituale in seine Tage einbaut – zum Beispiel samstags den Gang zum Markt, den morgendlichen Spaziergang im Wald, am Bach entlang oder mitten in der Stadt. Du gehst und nimmst bewusst auf, was rundherum geschieht. Wer je in aller Frühe durch die Stadt gegangen ist, hat gestaunt, was da alles passiert – der „entschleunigte" Gang durch die Stadt schenkt dir einen Rhythmus, den viele verloren haben. Wer auf dem Lande lebt, kann in die taufrische Natur hinausgehen – so eine Stunde lässt sich am besten zu zweit genießen, doch auch alleine ist es ein wunderbares Erlebnis.

Es ist nicht einfach, sich aus der Beliebigkeit und der Hetze des Alltags herauszulösen und das Leben zu etwas ganz Besonderem zu machen, aber es lohnt sich.

Die Gestaltung von Beziehungen

Jeder Mensch hat Beziehungen – zu sich selber, zu anderen Menschen, zur Schöpfung, zu Gott. Ob freiwillig oder als ungewolltes Schicksal: Alleinsein verführt dazu, dass sich der Lebensrhythmus in Beliebigkeit auflöst. Es ist ja niemand anderer da, auf den Rücksicht genommen werden muss. Diese Freiheit ist verführerisch und kann zu einer Loslösung von allen Bindungen führen.

Singles haben sich (wenn sie diese Lebensform freiwillig gewählt haben) entschieden, ohne feste Beziehung zu leben, weil das für sie im Moment die praktischste, beste oder schmerzfreieste Lösung zu sein scheint. Damit können sie vielen Schwierigkeiten und Konflikten ausweichen, die ein Leben in Beziehungen mit sich bringt. Wer sein Leben mit einem oder mehreren Menschen teilt, ist bereit sich einzuschränken, sich mit den anderen auseinander zu setzen, auf den anderen Rücksicht zu nehmen. In einer Beziehung kann man die eigenen Schwächen nicht verstecken, man muss umgekehrt auch die Unzulänglichkeiten des anderen ertragen und auch mit seinem Schmerz umzugehen versuchen – man wird Kritik, Streit und Verletzungen erleben. Man verliert aber auch die Freude, die der andere bereitet. Um Freude und Glück zu erleben, braucht der Mensch Beziehungen – zu Menschen, zu Ideen, zu Gegenständen. Sich abzukapseln ist nicht gut für die Seele.

Um sein Leben in einen rhythmischen Ablauf zu bringen, sollte man seine Fähigkeit zu Beziehungen schulen – und mit Mut Beziehungen eingehen. Viele Menschen tun sich dabei schwer.

Grenzen achten

Wer Beziehungen hat, hat auch Grenzen, die er beachtet – oder missachtet. Drei der biblischen zehn Gebote nehmen auf diese Grenzen Bezug: die Gebote, nicht die Ehe zu brechen, nicht zu stehlen und die Wahrheit zu sagen. Nicht zu lügen heißt, die Realität wahrzunehmen und sie nicht zu verdrehen. Beim Eigentum geht es auch um Grenzen – der Dieb achtet diese Grenzen nicht. Und wer sich in fremde Beziehungen einmischt oder sogar die Ehe bricht, überschreitet ebenfalls Grenzen.

Jeder kann, wenn er über seine eigenen Grenzen nachdenkt, fragen: Sind mir diese Grenzen, die Gott durch seine Gebote geheiligt hat, ebenfalls heilig? Welche Beziehung habe ich zu mir, zu meinem Leib, zu meiner Seele, zu meinem Geist? Achte und ehre ich mich – oder ist das Gegenteil der Fall?

Wer seine eigene Identität erkennt und versucht, sie auch zu leben, der achtet zugleich das Leben – und zwar nicht nur sein eigenes, sondern auch das Leben des anderen. Je bewusster jemandem diese Achtung seiner selbst und seine eigenen

Grenzen sind, desto besser wird ihm diese Achtung auch bei anderen gelingen.

Es kann aber auch sein, dass man sich selber nicht gut genug ist und dauernd nach jemandem oder etwas sucht, dass man also mit sich selbst nicht zufrieden ist. Menschen, die sich in fremde Beziehungen einmischen, die ständig sozusagen auf Liebesjagd sind, haben mit sich selber noch keinen Frieden gefunden. Dann leben sie leicht auf Kosten anderer. Vielleicht ist es manchmal unvermeidbar, auf Kosten anderer zu leben, aber es müssen dabei Grenzen gewahrt werden.

Jesus hat einmal gesagt: Wer eine Frau auch nur begierig anschaut, hat schon mit ihr die Ehe gebrochen. Das meint das gierige und lüsterne Eindringen in die Intimität des Anderen. Dahinter steht die Ideologie des Habenwollens um jeden Preis.

Sicher ist es so, dass man nicht immer alles haben muss: Es ist wichtig, verzichten zu können. Die Wünsche, die mit der Sexualität zusammenhängen, gehören zu den stärksten Antrieben des Menschen. Diese Kraft ist nichts Schlechtes – ebenso wie das Bedürfnis nach Essen eine Lebenskraft ist, ohne die der Mensch verhungern würde. Aber gerade deswegen ist es auch so wichtig, dass wir den Umgang mit der Sexualität, mit dem Bedürfnis nach Besitz und Wohlbefinden erlernen.

Die goldene Regel „Was du nicht willst, das man dir tu', das füg' auch keinem andern zu" ist dabei eine große Hilfe. Es ist eine Lebensregel, die zwischen den Menschen Frieden schaffen kann. Wenn uns unsere Bedürfnisse ausschließlich dahin führen, uns selber zu verwirklichen, werden wir das Leben verlieren. Deshalb muss jeder für sich ein Maß finden, das ihm die Selbstverwirklichung ermöglicht – aber gleichzeitig auch den anderen Menschen diesen Raum gibt. So entwickeln sich Beziehungen ohne Unterdrückung. Wenn eine Beziehung nur auf Kosten eines anderen bestehen kann, wird sie über kurz oder lang zerbrechen. Niemand darf sagen, sein Leben sei sein alleiniges Recht oder sein Eigentum – es gehört auch den anderen.

Beziehungen leben davon, dass geteilt wird. Durch Teilen wachsen Beziehungen. Wer nicht mehr bereit ist zu teilen, dessen Leben kennt kein Wachstum mehr, keine Entwicklung. Wer sein Leibgericht immer alleine isst, wird die Freude nicht erleben, das Essen mit anderen zu teilen und gemeinsam zu genießen. Das Gleiche gilt für einen Spaziergang, für das gemeinsame Hören von Musik, das Betrachten eines Bildes, für das Zusammenleben im Haus. Die Menschen in der westlichen Kultur haben vergessen, dass es ein hoher Wert ist, miteinander zu leben und zu teilen – ein höherer jedenfalls als der, nur sein eigenes Ich zu pflegen.

Diese Freude am Gemeinsamen ist leider verloren gegangen. Daran zerbrechen viele Beziehungen. Häufig wird dann gesagt: Ich konnte mich in der Beziehung nicht mehr verwirklichen, ich war zu sehr eingeschränkt. Diese Grenzen, die offensichtlich gestört haben, gibt es überall – und gerade deshalb ist es eine wunderbare Entwicklung, wenn man an seinen Grenzen wachsen kann. Das Miteinander macht zugleich diese Grenzen und den tiefen Sinn des Teilens bewusst.

Egoisten handeln nach dem Grundsatz, dass sie nur ihren Bedürfnissen folgen – ohne Rücksicht auf Grenzen. Wenn ein solcher Mensch eines Tages nicht mehr ein noch aus weiß, kann er beginnen, sich selber zu heilen, indem er etwas verschenkt. Schenken ist der Schlüssel, um aus dem Teufelskreis des Egoismus herauszukommen – und zwar bedingungsloses Schenken, also nicht in der Erwartung, dass dafür umgehend Dank zurückkommt. Beim Schenken soll die eine Hand nicht wissen, was die andere tut. Schenken ist wie Teilen – es vermindert nicht, sondern vermehrt.

Ideal ist es, wenn man seine Bedürfnisse einerseits und die Bereitschaft zum Verzicht andererseits miteinander in Beziehung bringen kann. Das gilt auch für unseren Leib: Wenn wir verzichten, zum Beispiel beim Fasten, dann kann das einen Gewinn an Raum und Freude bedeuten. Bei der Seele ist es
halb tun Teilen und Geben der Seele gut.

Menschen gebrauchen Worte, um ihre Erfahrungen zu beschreiben. Diese Worte sind meistens mit Wertungen verbunden. Das gilt besonders auch für das Sprechen über das Mann- bzw. das Frausein. In Bewertungen liegt oft ein Vergleich, ein „besser" oder „schlechter", und dann kommt es leicht zu Abwertungen. Wir reden von stark oder schwach, von schwer oder leicht, von groß oder klein, Licht oder Schatten, von Tag und Nacht, von Stabilität oder Wandel – und wir merken nicht, wie leicht sich unsere Erfahrungen, unsere Verletzungen, unsere Hoffnungen und Ängste als Bewertungsmaßstäbe in unser Reden und Denken mischen. Nur zu selten ist uns dann bewusst, dass in all diesen Paaren beide Pole aufeinander bezogen sind, einander brauchen, weil sie alleine gar nicht existieren können.

Bewertungen können verletzen, wenn sie Zeichen eines Mangels an Beziehung sind und die Tendenz haben festzulegen, keine Entwicklungen zuzulassen. Leider bewerten wir oft einen anderen Lebensrhythmus oder eine andere Lebenserfahrung negativ, weil sie nicht unser Rhythmus und unsere Erfahrungen sind. Sie machen Angst, verunsichern und führen oft zu zerstörerischen Auseinandersetzungen, weil das Anderssein als Bedrohung der eigenen Identität erlebt wird. Nur die Zerstörung des Anderen durch Ignorieren, Entwertung und Kampf scheint das eigene schwache Ich retten zu können – ein schwerer Irrtum, weil gerade das ganz Andere eine Bereicherung für das eigene Leben ist. Dieser Kampf ereignet sich im einzelnen Menschen genauso wie in Gruppen oder zwischen Völkern.

Oft ließen sich Konflikte unter den Menschen leichter bewältigen, wenn sie gelernt hätten, den je anderen Pol, die andere Seite, den anderen Lebensrhythmus zu integrieren oder wenigstens zu achten.

Wie wenig dies gelingt, ist vielleicht besonders oft zu spüren, wenn Männer und Frauen übereinander reden. Oder es ist zu hören, wenn in einer Rede nur Männer angesprochen werden und Frauen nicht beachtet zu werden scheinen. Man(n) will dann zwar alle eingeschlossen wissen, aber ein Ausdruck, der die Wertschätzung beider Seiten deutlich macht, ist nur schwer zu finden. Vielleicht trifft das sogar für dieses Buch zu, das ja von zwei Männern geschrieben ist.

Diese Grenzen der Sprache und damit die daraus resultierende Spannung werden wohl bleiben. Was sich aber wirklich verändern müsste, ist die innere Haltung, und zwar im Sinne einer gleichen Wertschätzung des männlichen und des weiblichen Pols in uns selber. Die veränderte Haltung würde auch zu einer Verhaltensänderung zwischen Männern und Frauen führen, und der Respekt und die Ehrfurcht vor dem je anderen Lebensrhythmus und der anderen Lebenserfahrung würde sich dann auch in der Sprache zeigen.

Rechtes Maß – die Mutter aller Tugenden

Wer in seinem Leben das gute Maß findet, wird glücklich – trotz aller Höhen und Tiefen. In der benediktinischen Ordensregel wird das gute Maß als die Mutter aller Tugenden bezeichnet. Nichts legt der heilige Benedikt dem Abt und den Mönchen mehr ans Herz, als das gute Maß zu finden – nicht zu viel und nicht zu wenig in allem, im Denken, Reden, Handeln und im Beten.

Eine maßvolle, ausgewogene Lebensweise scheint in unserer Gesellschaft außer Übung gekommen zu sein. Man muss regelrecht auf die Suche gehen, um das gute Maß zu finden.

Unter den zehn Grundgeboten haben zwei mit „Gier" zu tun: Du sollst nicht begehren deines Nächsten Hab und Gut – du sollst nicht begehren deines Nächsten Frau. Wenn jemand mit Gier und Maßlosigkeit etwas besitzen will, das ihm nicht gehört, dann kommt er in einen Zustand, der ihm das Gleichgewicht nimmt. Wen die Gier befällt, der gerät aus der Balance. Dabei kann die Gier viele Formen haben – im Denken, im Handeln, im Verhalten. Sogar die Neugier gehört dazu, weil sie lüstern eindringt in die Intimität eines anderen, auch das ist maßlos.

Das Gegenteil von Maßlosigkeit ist die „discretio", die kluge Unterscheidung. Wer in seinem Leben das rechte Maß sucht, bewegt sich zwischen zwei Polen. Dabei stellt jeder der beiden Pole auch für sich schon durchaus einen Wert dar. Das rechte Maß zu leben bedeutet dann: das eine zu tun, ohne das andere zu lassen. Denn die Mitte ist ja nichts anderes als die Mitte zwischen zwei Polen. Die Suche nach der Mitte geschieht also in einer Pendelbewegung, die nie ganz zur Ruhe kommt: Es gelingt nämlich nur ganz selten, die Mitte so zu halten, dass keine Korrekturen notwendig sind.

Es gibt zwölf wichtige Zwillingstugenden, die wir in diesem Kapitel besprechen wollen. Dass wir von „Zwillingstugenden" sprechen, bringt dabei zweierlei zum Ausdruck: dass schon die einzelnen Pole einen Wert haben – aber auch, dass sie nur zusammen, im rechten Maß und der rechten Mitte, im eigentlichen Sinne Tugenden sind.

Schweigen und Reden

Schweigen ist eine große Tugend. Es bringt Segen, wenn wir es richtig einsetzen. Wenn jemand jedoch schweigt, wo er reden sollte, um jemandem Gutes zu tun oder ihn aus einer Gefahr zu retten, dann wird die heilige Tugend des Schweigens zu einem erstarrten, manchmal tödlichen Verstummen.

Ähnlich ist es mit dem Reden. Wer zur falschen Zeit und am falschen Ort redet, macht aus der Tugend des Redens ein Schwatzen, ein zerstörerisches Gerede.

Empfänglichkeit und Unbeeinflussbarkeit

Wer offen ist für Menschen und offen für Gott und seine Schöpfung, der lässt das Leben wachsen. Wer jedoch Empfänglichkeit zu einer willenlosen Beeinflussbarkeit verkommen lässt, der schadet sich und anderen. Natürlich muss man Widerstand leisten, wenn von außen etwas herangetragen wird, das dem Leben nicht gut tut. Unbeeinflussbar zu sein, ist in solchen Fällen richtig. Wer allerdings Gutes und Sinnvolles abweist, isoliert sich selber und wird starr.

Gehorsam und Autorität
Gehorsam und Autorität gehören zusammen. Wer Autorität ausübt, aber selber nicht hört, wird zum Tyrannen. Es ist schwer, das rechte Hören zu lernen und zu erkennen, was im Leben von mir verlangt wird – und zu sehen, dass ich es prüfen kann und muss an den Überzeugungen, die ich habe. Diese innersten Überzeugungen (viele nennen sie auch Gewissen) zeigen dir den Willen Gottes. Wer äußerem Druck und nicht seinem Gewissen gehorcht, wer Angst hat, feige ist und sich anpasst, wird zum Sklaven. Viele Menschen werden „hörig" aus materiellen Gründen oder weil sie bestimmte Vorteile damit erkaufen wollen.

Wirkliche Autorität versklavt und unterjocht niemanden, sondern gibt sich selber und anderen Kraft. Wenn diese Autorität mit Klarheit und Einfühlungsvermögen eingesetzt wird, besteht auch nicht die Gefahr, lieblos, selbstgerecht oder selbstsüchtig zu werden oder den eigenen Willen einem anderen aufzudrängen. Denn nur in dem Maß, in dem man einem Menschen seine Selbstbestimmung zugesteht, sie sogar fördert, darf man Autorität ausüben. Der heilige Benedikt sagte einmal vom Abt: Sei dir bewusst, dass du nicht zum Befehlen da bist, sondern zum Helfen.

Demut und Selbstvertrauen
Demut drückt sich in einer inneren Haltung aus – und in der Überzeugung, dass alle guten Eigenschaften von Gott kommen und ihm gehören, dass der Mensch Werkzeug und Abbild Gottes ist. Das demütige Sich-Hineinbegeben in den Willen Gottes bedeutet nicht, sich sklavisch zu unterwerfen. Gott hat uns Freiheit geschenkt – und Demut bedeutet, dass wir zu noch größerer Freiheit kommen können. Wenn wir uns hörig unterwerfen und zu Sklaven machen, dann wird aus der Demut ein falsches Buckeln, das uns, andere, die Schöpfung und auch Gott verletzt.

Das lateinische Wort für Demut ist *humilitas.* Meister Eckhart und viele andere Mystiker sagen oftmals, dass *humilitas* von dem Wort *humus*, Erde oder Boden, abstammt. Demütig zu sein bedeutet also, in Verbindung mit der Erde zu sein, auch die eigene Erdhaftigkeit zu bejahen.

Meister Eckhart rät uns, Leidenschaften wie Verlangen oder moralische Empörung und Zorn nicht zu verurteilen, sondern ihnen den Zaum der Liebe anzulegen. Nicht durch Fesselung unserer Leidenschaften gelingt das Leben, sondern durch den Zaum der Liebe. Es ist ein liebevoller Halt – kein Werkzeug zum Quälen und Bestrafen.

Wie aus Mist Humus und Erde entstehen, so können wir alle belastenden Seiten unseres Menschseins verwandeln. Dieser Lebens- und Lernprozess bedeutet, in eine tiefe innere Wandlung hineinzugehen.

Die *humilitas* hat noch einen anderen Verwandten: den Humor und die Freude. Humor ist eine Kraft, die uns Leben und Freude schenkt. Er ist eine der schönsten Gaben des Gottesgeistes.

Das Wort Humor wird im Neuen Testament nur ein einziges Mal verwendet, nämlich in der Vulgata-Übersetzung des Lukas-Evangeliums. Da ist vom Sämann die Rede, der Körner aussät – „und es fiel einiges auf Gestein und verdorrte, weil es keine Feuchtigkeit (humor) hatte".

Wer aus tiefstem Inneren heraus feiern und sich freuen kann, ist sich selbst und anderen gegenüber nicht missgünstig. Diese Fähigkeit lebt aus dem königlichen Bewusstsein, das uns als Kinder Gottes Selbstwert gibt. Aus dieser „göttlichen Wertschätzung" leben wir in Verbundenheit mit unserem Schöpfer, wir können auch leben mit Leere und Schmerz – und sind Werkzeuge des Wandels und der Wandlung. Demut und Humor ermutigen uns, den Eros der Schöpfung zu feiern. Gott selbst ist ein erotischer Schöpfer. Er ist kein unbewegter Beweger, kein Patriarch im Himmel, der alles im Griff hat, sondern er ist der Lebendige und Liebende, der sich freut und teilnimmt an – wie Meister Eckehart sagt – „dem Leben üppig und köstlich". Er ist ein Gott, der vor Freude sprudelt und tanzt, der in Ewigkeit lebt und deshalb die ewige Jugend ist.

Wenn wir demütig werden wollen, dann müssen wir das Mysterium der Inkarnation, der Fleisch-Werdung neu begreifen. Gott wurde ganz Mensch, durch und durch wie wir selbst. Die Häresie des Doketismus nimmt Jesus seine Menschlichkeit, seine Erdhaftigkeit, seine Sinnlichkeit und seinen Eros, also auch seine wahre Demut, die auch eine liebende Beziehung zur Erde und ihren Bewohnern ist.

Und wenn wir überhaupt etwas von Jesus sicher wissen, dann ist es seine Liebe zu den Menschen, zu den Vögeln in der Luft, zu den Lilien auf dem Feld, zu den Fischen und Schafen, zu den Senfkörnern und Feigenbäumen. Er hat sie geliebt, und sie waren für ihn Lehrmeister und Abbilder der göttlichen Liebe. Jesus hat sich nicht gescheut, in den Schmutz, in die Erde zu greifen, um mit dieser verachteten Erde zu heilen.

Die Zwillingstugend der Demut ist das Vertrauen – nicht zum eigenen Ego, sondern zu Gott, der in uns wohnt und uns Leben schenkt. Gott will den Menschen nicht als Kümmerling, der ängstlich und gebrochen durchs Leben geht. Wir sollen mit den eigenen Füßen auf der Erde stehen und unser Lebenswerk tun – voller Selbstvertrauen, aber demütig und ohne Falschheit.

Schnell entscheiden – besonnen sein

Es kann sehr strapaziös sein, schnell und ohne Zögern aus vielen Möglichkeiten die beste auszuwählen. Das geht nur im Vertrauen, dass alles, was man tut, im Willen Gottes geborgen ist. Das gibt die Sicherheit, die Entscheidung schnell zu treffen, aber nicht überhastet oder unüberlegt. Deshalb ist es wichtig, gleichzeitig besonnen zu bleiben. Dann wird man Temperament und Kräfte zügeln können, um eine Entscheidung mit der notwendigen Geduld ausreifen zu lassen.

Zerstörerisch für einen selber und für andere wird die Besonnenheit, wenn sie in Unentschlossenheit, Zögern und Hinhalten mündet.

Alles annehmen – klug unterscheiden

Ein Mensch, der annehmen kann, was ihm das Leben bringt, wird Freude und Zufriedenheit finden, doch er wird auch herausgefordert und verwundet werden. Alles annehmen bedeutet: nicht dauernd schauen, ob es anderen vielleicht besser geht, sondern ganz bewusst das eigene Leben in seiner Vielfältigkeit annehmen – und nicht schon etwas verändern wollen, bevor man es überhaupt in der Hand hält.

Wer einem Menschen so begegnet, dass er sich von ihm – bevor er ihn akzeptiert – erst einmal ein Bild macht, wie er seiner Meinung nach sein sollte, der wird diesen Menschen von vornherein verfehlen. Manchmal musst du die innere und äußere Armut oder bestimmte Defizite des anderen ertragen. Aber auch das ist ein Teil des Lebens.

Eduard Mörike hat das in einem Gedicht einmal wunderbar beschrieben:

Herr, schicke, was du willst –
ein Liebes oder Leides.
Ich bin vergnügt, weil beides
aus deinen Händen quillt.

Und weil Mörike weiß, dass er das oft selber nicht durchhalten kann, schreibt er weiter:

Wollest mit Freuden, wollest mit Leiden
mich nicht überschütten,
denn in der Mitten
liegt holdes Bescheiden.

Die Zwillingstugend zum Annehmen ist das kluge Unterscheiden: das Wahre vom Falschen, das Schlechte vom Guten, Leben vom Tod. Klug zu unterscheiden ist nicht leicht, man muss es lernen. In der letzten Konsequenz ist es die Fähigkeit, zwischen dem, was von Gott kommt, und dem, was das Leben zerstört, zu unterscheiden. Das ist ein langsamer und mühsamer Weg. Die Wahrheit zu finden, erfordert

Kraft. Man wird immer wieder einsehen müssen, dass man sich geirrt hat. Aber die Bereitschaft, diesen Kampf nicht aufzugeben, wird dabei helfen, Frieden zu finden.

Vorsichtiges Handeln – Mut und Zuversicht
Vorsicht darf nicht aus Angst oder aus dem Mangel an Selbstvertrauen kommen, sonst wird sie zur Feigheit. Deshalb ist es gut, wenn man sich im Inneren unerschütterlich Mut und Zuversicht bewahrt. Es wird immer wieder Situationen geben, in denen Gefahren drohen – das ist normal. Wichtig ist es dann, sich dieser Gefahr zu stellen. Das ist besser, als den Kopf in den Sand zu stecken und zu hoffen, dass sich die Schwierigkeit von selber regelt.

Äußere und innere Anspruchslosigkeit
Wir kennen viele Geschichten von Menschen, die in Armut lebten, nichts besaßen – und doch reich waren.

Wenn jemand das Fasten so sehr liebt, dass er überhaupt nichts mehr isst, dann verhungert er. Wer jedoch gerne fastet und dann das Ostermahl wieder genießen kann, der ist auf dem richtigen Weg. Auch hier geht es um zwei Pole: anspruchslos zu sein, nichts zu besitzen – und über alles zu verfügen und in Fülle zu leben. Viele Menschen wollen immer mehr haben, aber dabei nimmt sie der materielle Besitz gefangen. Sie glauben: viel zu haben, sei viel wert – und wenig zu besitzen, sei nichts wert. Sich davon frei zu machen, ist ein Weg der Seele. Er beginnt damit, dass man mit dem Gegebenen zu leben lernt. Man kann mit Freude annehmen, was zur Verfügung steht – aber es gibt keinen Grund, neidisch zu sein, wenn man etwas nicht hat. So wird man frei in seinen Gefühlen und Gedanken und löst sich vom quälenden Druck, dauernd immer mehr haben zu müssen – materielle Güter, aber auch zum Beispiel Erfolg oder Ansehen.

Ungebundenheit und Treue

Wenn sich jemand an einen Menschen oder an Dinge bindet, besteht die Gefahr, dass er ohne sie nicht mehr glücklich leben kann. Solche Abhängigkeiten legen das Fühlen, Denken und Handeln an die Kette. Manche Menschen wollen sich daraus lösen, indem sie ihre Beziehungen abbrechen- und ohne Bindungen und ohne Verpflichtungen wie Vagabunden durchs Leben ziehen. Diese Form der Ungebundenheit ist zerstörerisch und führt zur Isolation und zum Tod. Es ist gut, unabhängig und frei zu sein – und es ist auch gut, treu und verlässlich zu bleiben. Die Menschen um dich, der Betrieb, in dem du arbeitest, dein Haustier – sie verlassen sich auf dich, auf deine Treue, auf deine festen Zusagen. Vom Staat bis herunter zur Familie wird nichts leben und funktionieren ohne die Grundhaltung von Treue und Verlässlichkeit. Du lebst im ständigen Wechsel von Freiheit und Gebundensein, beide sind zur rechten Zeit gute Tugenden. Wenn die Treue fesselt, abhängig macht, dann ist sie falsch. Und wo die Bindung Freiheit und Freude schenkt, ist sie richtig.

Sich zeigen und sich zurücknehmen

Es gehört zum Leben, eine Meinung zu haben und zu vertreten. Deine Familie, Freunde, Bekannte, Arbeitskollegen – sie wollen wissen, wie sie mit dir dran sind, wer du bist. Je klarer sie deine Ansichten und Überzeugungen kennen, desto besser ist es. „Sich zeigen" meint aber nicht, dass du dich aufblähst, den anderen keinen Raum gibst, sie „niederbügelst" oder zum Schweigen bringst – das wäre Tyrannei.

Im Alltag, in Diskussionen und Auseinandersetzungen ist es richtig, Flagge zu zeigen. Dazu gehört auch, dass die anderen ebenso zu Wort kommen können. Dazu muss man zuhören und mit seiner Meinung zurückstehen können. Man soll nicht alle Dinge kommentieren, sondern auch schweigen können. Es ist auch nicht notwendig, alles zu sagen, was man denkt. Und es gibt Situationen, in denen es klug ist, ruhig zu sein und unbemerkt zu bleiben.

Todesangst verlieren und das Leben gewinnen

Wenn der Mensch seine Angst vor dem Tod verliert, leugnet er nicht die Wirklichkeit des Todes. Der russische Schriftsteller Solschenizyn erzählt in seinem „Archipel Gulap" ein wunderbares Beispiel: Ein Lagerkommissar will einen Wissenschaftler zwingen, eine Formel preiszugeben. Der Wissenschaftler sagt, dass er jetzt sein Taschentuch nehmen und sich schnäuzen werde – das Taschentuch sei das einzige, was ihm noch nicht genommen worden sei. Er sei, weil man ihm so viel Schreckliches angetan habe, ohne Angst. Er fürchte sich nicht vor dem Tod und tue, was er wolle – und er schnäuzt sich.

Auch Menschen, die aufgrund von Unfällen oder schweren Krankheiten an der Schwelle zum Tod standen, haben nach ihrer Rückkehr ins Leben diese Angst meist verloren. Todesverachtung überwindet die letzte Bedrohung, die es im Leben eines Menschen gibt. Solche Menschen schätzen das Leben – nicht, indem sie willkürlich und ohne Rücksicht auf andere in Saus und Braus alles genießen, sondern sie haben einen neuen Sinn gefunden. Sie nehmen ihr Leben sehr bewusst wahr, im Kleinen wie im Großen, und schätzen es. Diese Menschen nehmen ihr Leben in Bescheidenheit an und freuen sich darüber, wie es ist.

Gleichmut und Liebe

Gleichmütig zu sein ist ein wunderbarer Zustand. Der gleichmütige Mensch nimmt sein Leben an, egal, was auf ihn zukommt: Sonne oder Regen, eine Krankheit, den eigenen Weg mit seinen Freuden und Lasten. Was in sein Leben tritt, hat für ihn die „gleiche Gültigkeit" und ist ihm gleich viel wert. Er nimmt die Dinge mit gleichem Mut. Die abgestumpfte Form dieser Tugend ist die Apathie, die Trägheit, die Wurstigkeit.

Die Zwillingstugend des Gleichmuts ist die Liebe. Sie lässt sich schwer beschreiben – am ehesten vielleicht an einem symbolischen Bild.

Ein Brautpaar bat den Pfarrer, er möge in seiner Hochzeitspredigt erklären, was Liebe ist. Weil der Geistliche glaubte, dass Worte dafür nicht ausreichen, wollte er sich dem Paar und den Hochzeitsgästen auf andere Weise verständlich machen. Er brachte drei Zeichen mit in die Kirche.

Das erste war ein Kräuterlikör. „Liebe ist wie Kräuterlikör", sagte er, „manchmal ein bisschen bitter, manchmal süß – und wenn die Menschen zu viel davon nehmen, werden sie berauscht. Der Kräuterlikör entsteht aus einer Symthese von Heilkräften der Natur – auch Liebe ist die Essenz von Heilkräften, die sich miteinander verbinden."

Als zweites Symbol hatte der Pfarrer zwei Hefeteig-Krapfen mit zum Altar gebracht. „Mehl und Hefe kommen zusammen und gehen erst einmal auf – wie auch bei der Liebe. Dann kommt Schmalz dazu und der Teig wird gebacken. Liebe braucht immer ein wenig Schmalz. Zum Schluss wird der Krapfen noch mit Zucker bestreut, damit alles schön süß schmeckt."

Das dritte Symbol war ein großer Regenschirm, unter dem zwei Menschen Platz hatten – gemeinsam gut beschützt, falls die Sonne nicht scheint und unfreundliches Regenwetter den Tag verdirbt. Der schönste Schirm, den Menschen sich schenken können, ist die Liebe: einmal muss ihn der eine halten, einmal der andere. Und der beste Schirm ist der Schutz Gottes, der sich in der Liebe, auch in der gegenseitigen Liebe, zeigt.

Rituale neu entdecken

Rituale im Alltag

Das Leben eines Menschen ist nie ohne Rituale, auch wenn er sich dessen vielleicht gar nicht bewusst ist. Wer sich seinen Tag einmal genau anschaut, wird feststellen: Es gibt bestimmte Gewohnheiten oder Handlungen, die immer an derselben Stelle eines Ablaufs wiederholt werden. Wer anfängt, solche wiederkehrenden Handlungen bewusst zu entdecken, ist „seinen" Ritualen auf der Spur.

Solche Verhaltensweisen können helfen oder auch behindern. Ihre Funktion liegt zunächst einmal darin, innere und äußere Sicherheit zu vermitteln. Diese einfachen, sich immer wiederholenden Handlungen sind dann im eigentlichen Sinne Rituale, wenn sie zwei weitere wesentliche Merkmale aufweisen: Sie bringen den Menschen immer mehr in Beziehung zu sich selbst und zu anderen Menschen. Und sie schaffen Beziehung zwischen dem Menschen und einer transzendenten Wirklichkeit, zwischen dem Menschen und Gott.

Wir nennen jedoch in den folgenden Kapiteln auch die einfachen Verhaltensmuster Rituale, weil daraus, wenn sie bewusst vollzogen werden, echte Rituale entstehen können, die dem Leben Sinn geben.

Sinn gebende Rituale können die verschiedenen Gruppen einer Gesellschaft zusammenführen und aneinander binden. Das wäre gerade heute wichtig, weil die Gefahr täglich wächst, dass sich unsere Gesellschaft atomisiert und in winzige Fragmente zerfällt.

Beginn und Ende des Tages

Viele beginnen ihren Tag mit einem Aufsteh-Ritual: Es sind immer die gleichen Bewegungen, wenn sie sich vom Bett erheben, ein bestimmter Radiosender wird eingeschaltet –

und die Morgentoilette besteht fast immer aus den gleichen Handgriffen und Abläufen. Das ist bereits ein einfaches Ritual – und man ist beunruhigt, wenn man dabei gestört wird. Man reagiert auf eine Störung dieses Ablaufs irritiert oder genervt, weil der Tag nicht anfängt wie sonst.

Auch das Ankleiden kann zum Ritual werden. Wie soll heute meine zweite Haut, die Kleidung, aussehen? Wer sich am Morgen sehr bewusst anzieht, um sich gut auf den Tag vorzubereiten, macht diese äußere Handlung zu etwas Besonderem.

Dann das Frühstücks-Ritual mit Kaffee und Zeitung. Es ist die vertraute Weise, in den Tag hineinzugehen. Wie beruhigend das wirkt, merkt man sofort, wenn die Zeitung einmal noch nicht da ist oder wenn man verschlafen hat und ohne das Frühstücks-Ritual zur Arbeit hasten muss.

So vollzieht man den ganzen Tag über gewohnte Handlungen, die dem Leben einen Rhythmus verleihen. Nimm sie bewusst wahr – bis zum Abend, wenn du ins Bett gehst.

Es gibt kaum einen Menschen, der nicht mit einem Abend-Ritual einschläft: Er legt sich im Bett in eine ganz bestimmte Position, denkt vor dem Einschlafen immer an bestimmte Dinge – ein Einschlaf-Ritual, das den Tag in Frieden enden lässt.

Diese Wiederholungen sind kein Stumpfsinn und keine Eintönigkeit. In einer immer wieder bewusst vollzogenen Handlung kann der Mensch einen tieferen Sinn erkennen.

Wer seinen Tag bewusst mit Ritualen gestaltet, wird größere Sicherheit gewinnen. Noch besser ist es, wenn in die Rituale auch andere Menschen einbezogen werden – der Mann oder die Frau, die Kinder, andere Familienangehörige, gute Freunde, die Kollegen am Arbeitsplatz. Gemeinsame Rituale, die bewusst vollzogen werden, können noch positiver wirken.

Es kann also hilfreich sein, sich beim Aufstehen des Lebens und der Freude daran bewusst zu werden, sich mit allem Leben zu verbinden und dankbar zu sein. So wird das Aufstehen mit seinen verschiedenen Handlungen zu einer Erinnerung an die Auferstehung.

Das Gleiche gilt für das Ende des Tages. Das Zubettgehen kann zu einer Erinnerung an die ewige Ruhe, an den ewigen Frieden und an das ewige Leben werden, das wir Menschen ersehnen. Gedanken, Gebete, bestimmte Körperhaltungen können helfen, um inneren Frieden zu finden.

Begrüßungsrituale
In fast jedem Menschen steckt eine Urangst vor dem Anderen. Deshalb ist er vorsichtig, oft misstrauisch. Als noch bedrohlicher werden Fremde empfunden, die wir nicht nur persönlich nicht kennen, sondern deren Kultur uns außerdem noch unvertraut ist. Aber mit diesem Misstrauen und mit seiner Angst sitzt der Mensch in einer Falle. Sie schützt ihn vielleicht vor Angriffen von außen, aber sie isoliert ihn auch und bringt ihn in eine wachsende Beziehungslosigkeit, die ihn einsam macht und seine Entwicklung hemmt.

Glücklicherweise gibt es Formen und Rituale der Begegnung, die dem Menschen diese Angst nehmen.

Eine Beziehung zum anderen beginnt mit dem Begrüßungsritual. Es schafft Vertrautheit und Nähe, oder vielleicht sollte man lieber sagen: eine Balance von Nähe und Distanz. Jede Kultur hat ihr eigenes Begrüßungsritual. Die einen falten die Hände und verneigen sich, die anderen reiben die Nasen aneinander. Wir kennen den Händedruck oder die Umarmung. Weil der Händedruck ein Ritual ist, stellt er zwischen zwei Menschen sofort eine Beziehung her. Es kann allerdings auch misslingen, zum Beispiel, wenn einem jemand die Hand gibt und man das Gefühl hat, als hätte man Teig in der Hand. Ein anderer nimmt dich in den Schraubstock oder streckt dir gar seine Linke entgegen – Rituale beruhigen, wenn sie gelingen, oder machen unsicher, wenn sie misslingen. Denn mit dem Händedruck und mit der Umarmung überschreitest du eine Grenze zum anderen. Für einen Moment berühren sich zwei Menschen in ritueller Form, und es entsteht Vertrauen – oder auch Misstrauen.

Im Ritual gibt es keine Überraschung – im Gegenteil: Immer läuft das Gleiche ab, der Ablauf ist fest vorgegeben, jeder weiß, was passiert. Das Ritual hat klare Richtlinien, die man kennt und die immer wieder eingeübt werden müssen. Das gilt schon für Kinder, die heute kaum noch Rituale lernen. Die einzelnen Handlungen müssen jedoch erklärt werden, damit der Sinn verständlich wird – sonst hat ein Ritual nur wenig Kraft.

Benediktinermönche haben ein besonderes Beziehungsritual – das Verneigen, das von Außenstehenden oft nicht als solches erkannt wird. Wenn die Mönche einen Psalm zu Ende gebetet haben, stehen sie auf und verneigen sich – vor Gott, aber auch vor den Mitbrüdern. Wer den Inhalt dieses Rituals nicht kennt, kann seine Bedeutung nicht verstehen. Die Mönche buckeln nicht vor Gott oder vor Menschen, sondern verneigen sich sehr selbstbewusst in Ehrfurcht – es ist eine Form von Zu-Neigung, von Liebe. Die Mönche lernen dieses Ritual. Außerhalb der Klöster ist das Verneigen fast völlig verschwunden – und wenn es jemand tut, dann meist ohne darüber nachzudenken, was es wirklich bedeutet.

Ein anderes Ritual, die Umarmung, ist weitgehend sinnentleert worden. Wer jemanden umarmt, öffnet sich ihm und lässt ihn ganz nahe an sich heran – und lässt ihn dann auch wieder los. Man sollte jemanden nur dann umarmen, wenn man sich bewusst ist, was man tut: Ich bin ich, du bist du, jeder von uns steht auf eigenen Füßen – und wir treten in eine Beziehung zueinander. Was soll man zum Beispiel zu den Bruderküssen sagen, die sich die kommunistischen Machthaber bei bestimmten Gelegenheiten zu geben pflegten? Jedes echte Begrüßungsritual zwischen Menschen will durch Gesten oder Worte mitteilen, dass man dem anderen wohlgesonnen ist. Streit und Zwietracht sollen wenigstens für einen Augenblick vergessen werden – man teilt dem anderen Frieden mit. Es ist der alte Gruß: „Friede sei mit dir." Wenn bei jeder Begrüßung diese Haltung im Herzen ist, dann wird die äußerliche Begrüßungshandlung zu einem echten Ritual.

Gesprächsrituale

Wir haben in unserer Gesellschaft zwei extrem negative Gesprächsformen: Auf der einen Seite kennen wir den Dauerredner, der niemanden zu Wort kommen lässt – und auf der anderen Seite die verstummte Beziehung, bei der ein Gespräch gar nicht mehr möglich ist, weil rundherum der Lärm zu arg ist. In Diskos und in Bierzelten mit den dröhnenden Lautsprechern kann man die eigene Stimme oft nicht mehr hören.

Beim echten Gespräch sind Zuhören, Reden und Schweigen in einer guten Balance. Das sehr bewusste Hören, wenn der andere etwas sagt, ist eine aufmerksame Teilnahme an seinen Gedanken und Gefühlen, die er mitteilt. Er soll die Gedanken zu Ende sprechen können, ohne dass er dabei unterbrochen wird. Das meint Zuhören – und dann sollte man das gesprochene Wort sich setzen lassen, bevor man selber redet. Auch das gemeinsame Schweigen kann dabei eine intensive Form der Auseinandersetzung mit dem Problem des anderen sein. Miteinander reden kann gelingen, wenn alle Beteiligten einen guten Rhythmus zwischen Hören, Reden und Schweigen gefunden haben. Dann birgt jedes Gespräch die Chance in sich, etwas ganz Anderes, ganz Neues, vielleicht sogar eine Botschaft Gottes zu vernehmen.

Nähe und Distanz gestalten

In den Beziehungen zwischen Menschen müssen Nähe und Distanz bewusst werden, dann kannst du ohne Angst auf jemanden zugehen. Früher lernten junge Leute in der Tanzstunde, wie sie in ritualisierter Form aufeinander zu- und voneinander weggehen. Das Ritual macht den Umgang sicherer. Der Tanz ist ohnehin ein klassisches Beispiel dafür, wie im rhythmischen Wechsel der Bewegung, im Wechsel von Nähe und Distanz eine Beziehung zum anderen hergestellt wird. Dabei werden Grenzen beachtet, die ohne dieses Tanzritual oft nicht respektiert werden. Nähe bedeutet offenes Zugehen auf jemanden, ohne ihn gefangen zu nehmen – und Distanz meint, sich wieder bewusst zurückzuziehen, ohne die innere und äußere Verbindung abzubrechen.

Auch wenn zwei Menschen miteinander sprechen, können Nähe und Distanz verletzt werden. Wenn einer ständig laut auf seinen Gesprächspartner einredet, missachtet er das Gleichgewicht von Nähe und Distanz – mit seiner Stimme dringt er rücksichtslos in die Intimsphäre des anderen ein. Auf dem Exerzierhof einer Kaserne wird diese Weise des Sprechens sogar zu einer Art Ritual gemacht, um dem Rekruten Befehle zu erteilen. Dieser Missbrauch ignoriert jeden Wunsch nach Distanz und drängt dem Soldaten etwas auf, was er wahrscheinlich gar nicht will.

Nähe und Distanz im Dialog spielen noch stärker eine Rolle, wenn die beiden Partner – was natürlich im Alltag niemand tut – miteinander singen, statt zu sprechen. Dann muss man nämlich nicht nur den Inhalt des Gesprächs aufnehmen, sondern auch den Ton des Anderen, die innere Schwingung. Das aber geht nur, wenn man die richtige Nähe zum anderen hat, wenn man ihm also nahe genug ist – und gleichzeitig ausreichend Abstand hat. Wenn ein Opernsänger jemandem ohne Abstand ins Ohr singt, dann platzt das Trommelfell – und wenn dir jemand ein liebes Wort im Flüsterton sagt, darfst du nicht zu weit auf Distanz sein.

Ein anderes Beispiel: Eine Mutter bringt ihrem Kind bei, selbständig zu gehen. Dazu muss sich das Kind von der Hand seiner Mutter lösen, es geht also auf Distanz. Aber es braucht dabei die Sicherheit, dass die Mutter in der Nähe ist und sofort helfen kann. Nähe und Distanz sind dabei immer in einer guten Balance – auf diese Weise lernt das Kind am besten, auf eigenen Beine zu stehen.

Auch bei der Arbeit ist das richtige Verhältnis von Nähe und Distanz wichtig. Wer seine Arbeit gut verrichten will, braucht die Nähe, um alle Details zu sehen und zu berücksichtigen – und dennoch ist eine gewisse Distanz gut, damit einen die Arbeit nicht verschlingt. Einmal ganz nahe dran zu sein und dann wieder auf Abstand zu gehen, empfinden viele Menschen gar nicht als Ritual, aber es ist natürlich eins: Indem du ein Werkstück intensiv bearbeitest, mit den Händen und mit deinen Gedanken, stellst du eine intensive Beziehung zu diesem Objekt her – und zwar einmal ganz nahe am Detail, dann wieder aus der Distanz.

Dasselbe gilt auch für Menschen. Wenn Mann und Frau nach zwanzig Ehejahren nur noch aneinander kleben, ist das Gleichgewicht von Nähe und Distanz, das das Ziel von Ritualen ist, zerstört. So schön es ist, wenn die Partner miteinander reden, planen, etwas unternehmen – zu viel Nähe kann auch zum Problem werden. Als einmal bei der Feier zur Silberhochzeit die Frau sagte, dass sie – nachdem die Kinder aus dem Haus gegangen waren – künftig auch manches alleine unternehmen werde, fiel ihr Mann aus allen Wolken und konnte damit überhaupt nicht umgehen. In einem solchen Fall kann ein Ritual der Distanz helfen, die Schwierigkeiten zu überwinden.

Jeder Zweierbeziehung tut es gut, wenn die beiden Partner wieder einmal etwas Abstand voneinander halten und eigene Wege gehen – das stärkt die Bindung. Es gibt in jedem Leben viele Dinge, die man gerne mit anderen Menschen machen möchte, ohne dass das den Partner verletzen muss. Das ist ein normaler Wunsch, der nichts zu tun hat mit Trennungsabsichten. Nur wenn die Rituale von Nähe und Distanz missachtet werden, gehen solche Wünsche schief – im Extremfall scheitert dann die Beziehung. Deshalb braucht es auch hier Regeln, die den Beteiligten Sicherheit geben. Wenn also zwei Partner auf ihrer festen, gemeinsamen Basis miteinander vereinbaren, dass der eine heute Abend einen Vortrag besucht und der andere sich mit Freunden treffen will, dann wird es dem beiderseitigen Wunsch nach Nähe in der Beziehung nicht schaden – im Gegenteil: Die vorübergehende Distanz hilft beiden, dass ihr Miteinander nicht zum unerträglichen Zustand wird, wo man sich nur noch wechselseitig bebrütet.

Eine gute Balance zwischen Nähe und Distanz stärkt jedenfalls die Eigenständigkeit und die Beziehungen zu den Menschen und zu Gott.

Teilen und Behalten

Ein geradezu archaisches Ritual, das dem Menschen innewohnt, hat zu tun mit Teilen und Behalten, die etwas sind, was uns in vielfacher Weise durch den Tag begleitet.

Am gemeinsamen Familientisch wird alles miteinander geteilt: das Essen, die Zeit, die Aufmerksamkeit, das Gespräch. Rituale des Teilens geben jedem innere Stabilität und fördern das Vertrauen zueinander – und sie nehmen die Angst, alleine zu sein. Leider vergessen das viele, und jeder geht seinen eigenen Weg. Wenn nicht mehr geteilt wird, droht für alle die Beliebigkeit: Dann macht jeder, was er will.

Ein wunderbares Teilungsritual bei Tisch ist uralt: Wenn alle sitzen, bricht einer das Brot und gibt reihum jedem ein Stück – ein Symbol dafür, dass man glücklicherweise genügend zum Leben hat und dies mit anderen teilt.

Auch das gemeinsame Gebet ist ein Ritual des Teilens: man versammelt sich, spricht im gleichen Rhythmus und in der gleichen Tonlage, macht beim Aufstehen, Sitzen oder Niederknien gleiche Bewegungen – so entstehen aus dem Ritual die besonderen Erlebnisse mit anderen. Wenn die Menschen in der Kirche gemeinsam beten und singen, teilen sie denselben Glauben und dieselben moralischen Grundüberzeugungen mit den anderen. Wenn diese gemeinsamen Überzeugungen in einem gemeinsamen Ritual bekräftigt werden, schafft das für alle Versammelten Vertrauen, und zwar nicht anonym, sondern ganz konkret in der Beziehung zu dem Menschen, der als Nachbar auf der Kirchenbank sitzt.

Indem jemand teilt, vermehrt er: eine Meinung, das Essen, ein Versprechen. Das stärkt das Gemeinschaftsgefühl. Wir müssen nicht unbedingt rituell Blutsbrüderschaft schließen, aber wir sollten uns wieder bewusst machen, wie wichtig es ist, dass wir mit anderen teilen – das Essen, Gespräche, schöne Feste, unsere Aufmerksamkeit, das Leben überhaupt.

Beim Teilen darf jedoch nicht vergessen werden, dass man auch selber etwas behält. Man gibt dem anderen, aber behält auch einen Teil für sich. „Du sollst deinen Nächsten lieben wie dich selbst", sagt die Bibel – und das bedeutet, dass man den eigenen Selbstwert beachten muss. Teilen und Behalten oder Geben und Nehmen im christlichen Sinne sind natürlich kein Geschäft. Das Beispiel vom Brezel-Opfer ist dafür typisch: Zwei Buben haben sich zum Teilen entschlossen – der eine opfert dem anderen eine Brezel und erhält als Gegengeschenk ebenfalls eine Brezel.

Die höchste Form des Mit-Teilens ist, wenn du dein ganzes Sein mit anderen teilst, deinen Leib und deine Seele. In der ehelichen Beziehung ist das so, auch in der Ganzhingabe von Mönchen und Nonnen. Das kann auch geschehen, wenn man sich ganz selbstvergessen einer Idee, einer Aufgabe, einem Kunstwerk oder auch dem Leben in Gott hingibt. Eine solche Hingabe braucht ein Ritual wie die Eheschließung oder die Profess der Mönche und Nonnen. Man verschenkt sich, gibt alles hin und teilt, was man äußerlich und innerlich besitzt. Der scheinbare äußere Verlust ist dann der größte Gewinn. Das tun Priester, Mönche, Nonnen und Eheleute, aber auch andere Menschen in ihrer Liebe, in ihrem Glauben an ihre Visionen und Ideale.

Viele Menschen in der Gegenwart haben Angst, sich in einem Ritual miteinander zu verbinden. Sie befürchten, dadurch unfrei zu werden – und nehmen sich so die Erfahrung, dass, zum Beispiel durch das Ritual der Eheschließung, eine ganz neue Dimension in ihr Leben kommt. Ihre Beziehung würde durch das gemeinsame Ritual von anderen mitgetragen werden – und vor allem würden sie sich im Ritual für den Segen Gottes öffnen und ihn empfangen.

Spannung und Entspannung

Meist wenig beachtet wird der Wechsel von Spannung und Entspannung. Auch hier können Rituale einen guten Dienst leisten. Dieser Wechsel begleitet unser Leben in vielfacher Weise, oft unauffällig, manchmal auch mächtig. Beides ist notwendig – es ist undenkbar, dass ein Leben gleichförmig, ohne Auf und Ab, dahinplätschert. Unser Körper und unsere Seele leben vom permanenten Wechsel von Spannung und Entspannung – im Tanz, beim Sport, in der Arbeit, beim

Denken, Reden und Singen. Der Wechsel von Spannung und Entspannung gibt dem Leben einen Rhythmus.

Oft genug jagt der Mensch mit Vollgas durchs Leben, ohne zu spüren, wann er eine Phase der Entspannung braucht, damit er nicht überdreht. Um sich dann zurückzunehmen, ist ein Ritual hilfreich. Die Feier des Sonntags ist ein solches Ritual der Entspannung: Unter der Woche baut sich die Anspannung täglich mehr auf, und am siebten Tag können und müssen Körper und Seele ausspannen. Auch der Atem ist so etwas wie ein Ritual von Spannung und Entspannung.

Das Gleiche gilt für Ruhe und Bewegung. Der bewusste Wechsel hilft das Gleichgewicht zu bewahren. Ein gutes Ritual enthält auch hier beide Seiten im ausgewogenen Maß. Jede Bewegung braucht auch die Ruhephase, in der man sich setzen und zu sich selber kommen kann. Wer nur noch in Bewegung ist, hat ähnliche Probleme wie einer, der nur ausruht. Der eine wird mehr beunruhigt in der Spannung, der andere durch Entspannung. Es ist gut, diese Bewegungen aufmerksam zu beachten – sie sind Zeichen für die eigenen Defizite oder Stärken.

Das Mahl heiligen

Auch Essen und Trinken sind ein Alltagsritual. Der Mensch nimmt Nahrung auf, verarbeitet sie und scheidet einen Teil wieder aus. Wenn er dem Essen und Trinken einen rituellen Rahmen gibt, dann kann dieser Vorgang zu einer heiligen Handlung werden – und die Nahrung sättigt nicht nur den Leib, sondern auch die Seele. Essen und Trinken werden zum heiligen Mahl – und sind nicht nur die Zufuhr von Kalorien. Das gemeinsame Sitzen, die Aufmerksamkeit für dein Gegenüber und das Miteinander, der gedeckte Tisch, die Ruhe, vielleicht auch Musik oder ein vorgelesener Text heiligen das Essen. Dadurch werden Gemeinschaft und Selbstbewusstsein gefördert. Das gemeinsam vollzogene Ritual dient der Beziehung zu mir selbst – und zu den anderen, die mit am Tisch sitzen.

Wer ein Mahl bewusst gestaltet und genießt, wird seltener an Störungen der Verdauungsorgane erkranken als andere, die hastig den Hunger stillen und nebenher in den Fernseher schauen. Jede Mahlzeit lässt sich auf einfache Weise ritualisieren, wenn durch das Essen Beziehungen bewusst gemacht werden – zu sich selber, zu anderen, zur Schöpfung und zu Gott. Ein solches Ritual hilft uns zu spüren, dass wir von den Beziehungen in und zu dieser Welt leben, dass Essen und Trinken uns vom Himmel, von der Erde und den Menschen geschenkt werden. Viele haben dazu beigetragen, damit am Ende die Speisen und Getränke auf dem Tisch stehen. Das ist immer wie ein Geschenk, auch wenn man dafür bezahlt hat. Und wenn man ein Gefühl dafür bekommt, dass diese Geschenke von der Erde stammen, die Gott für uns geschaffen hat, dann wird ein solches Ritual begleitet von tiefer Dankbarkeit. Dabei spielt es keine Rolle, ob man sich an einem Sieben-Gänge-Menü erfreut oder an einem Stück Brot. Die existenzielle Erfahrung der Verbindung mit der Erde, mit der Schöpfung und mit dem Schöpfer ist das Geheimnis dieses Dankes.

Früher war das Tischgebet eine große Hilfe, aber im Laufe der Zeit ist dieses Ritual mehr und mehr verloren gegangen – heute beten die Menschen nur noch selten am Tisch. Dabei wäre ein Gebet vor und nach dem Essen ein Leben spendendes Essensritual. Auch wenn jemand nicht religiös ist, kann er – für sich oder mit seinem Gegenüber – dafür danken, dass er in dieser Stunde etwas zu essen hat, was ja durchaus nicht selbstverständlich ist. Aus einem Essen wird ein Dankesritual, wenn der Gastgeber zum Ausdruck bringt: „Es ist mir eine Freude, dass ihr heute bei mir seid. Ich empfinde das als ein Geschenk und danke euch, dass ihr gekommen seid und dass wir gemeinsam diese guten Dinge essen können, die ich euch anbieten kann." Am Ende des Essen kann er sich noch einmal bei allen bedanken für die gemeinsamen Stunden – so wird das Essen sinnvoll abgeschlossen.

Dass in der Gegenwart immer weniger Menschen einen echten Zugang zur Feier der Eucharistie haben, liegt wohl auch daran, dass sie in ihrem Alltag nicht mehr bewusst miteinander essen und trinken. Dabei wäre gerade dies eine Quelle des Lebens.

Gastfreundschaft
Zu den ältesten Ritualen unter den Menschen gehören die, die mit der Gastfreundschaft zu tun haben. Fast in allen Völkern und Kulturen ist die Gastfreundschaft bewusst ritualisiert. Wer zum Beispiel bei den Beduinen über die Zeltschwelle geht, ist als Gast angenommen und genießt den Schutz der ganzen Sippe. Für alle ist der Gast heilig, weil sie in ihm mehr sehen als nur den Menschen, der sie in dieser Stunde besucht. Bei den Benediktinern ist die Gastfreundschaft besonders ausgeprägt: Sie sehen in jedem Gast Jesus Christus, der jetzt zu ihnen kommt.

Ein Ritual der Gastfreundschaft muss vieles regeln, sonst weiß keiner – weder der Gast noch der Gastgeber – wie man sich verhalten soll. Dazu gehört vor allem zu klären, ob man mit dem Gast eine innere Beziehung haben kann und will. Der heilige Benedikt schreibt in seiner Regel, dass man mit dem Gast zuerst einmal betet, um zu erfahren, wes Geistes Kind er ist. Es ist ja denkbar, dass man sich Unfrieden ins Haus holt, wenn ein Gast stören will, schlechte Gedanken hat, über Fremde herzieht und Ärger stiftet. Solche Menschen sind unwillkommene Gäste – kein vernünftiger Gastgeber wird sie ein zweites Mal zu sich einladen.

In der Regel besteht heute die Gastfreundschaft aus einem großen Essen. Aber wer die Einladung ritualisiert, macht daraus etwas Besonderes. Man kann zum Beispiel als Auftakt eine kurze gemeinsame Wanderung unternehmen, kann sich im Garten auf eine Bank setzen, gemeinsam spielen oder ein Gespräch zu einem bestimmten Thema in Gang bringen – es gibt unzählige Möglichkeiten, damit aus der Gastfreundschaft nicht nur ein gemeinsames Gelage wird.

Gastgeber sollten wieder erfinderisch werden, um sich und die Gäste zu „bewegen" – körperlich, emotional oder geistig. Früher sind die Leute vor einem großen Fest erst einmal miteinander in die Kirche gegangen. Das war gar kein schlechter Auftakt, weil dadurch alle eine gemeinsame geistige Basis hatten. Leider sind all diese wunderbaren Feiern der Gastfreundschaft auf ein gemeinsames Essen reduziert worden –

auch wenn dabei die köstlichsten Speisen serviert werden, kann es ein armseliges Ereignis sein, wenn eine innere Beziehung fehlt.

Vor allem aber fehlt das Wissen, dass wir im Fremden, im Gast, im Anderen Gott selbst aufnehmen, der immer der ganz Andere und der Fremde ist. Weil das Fremde, der Gast natürlich beunruhigen, braucht die Gastfreundschaft Rituale. Aber neues Leben wird immer dann möglich, wenn es gelingt, den Fremden wirklich aufzunehmen. Jeder der beteiligten lernt vom anderen, sie achten sich und bringen sich Wertschätzung entgegen. Diese Erfahrung ist wie ein Geschenk Gottes.

Rituale – Brücken in andere Welten

Rituale sind nicht nur alltägliche Handlungen, die stets den gleichen Ablauf haben. Ein Ritual ist eine äußere Handlung, die einen neuen Sinn bekommen hat. Für die, die daran teilnehmen, verbindet das Ritual die verschiedenen Erfahrungsebenen des Lebens miteinander – die menschliche, soziale, psychische und spirituelle.

Fast alle Menschen, besonders jedoch Naturvölker, feiern den Rhythmus des Jahres mit rituellen Festen. Wichtige Stationen im Leben wie Geburt, Geschlechtsreife, Hochzeit und Tod werden durch Rituale bewusst gemacht und vollzogen. Alle Religionen vermitteln ihre Glaubensbotschaft in Ritualen – und sogar weltliche Führer haben ihre Gefolgsleute durch feierliche Zeremonien fest an sich gebunden.

Die Menschen haben von Anfang an ihr Leben ritualisiert. Das entspringt einem Bedürfnis, das wahrscheinlich der Ursprung vieler Religionen ist. Die Religion ist also dem Menschen nicht künstlich aufgesetzt, sondern entspricht seiner Sehnsucht nach Lebenssinn, nach Unsterblichkeit und nach einer Beziehung zu Gott. Der Mensch hat immer versucht, seine eigenen Grenzen zu überschreiten, indem er denkt und transzendente Erfahrungen sucht. Dazu gehört auch die einfache Überschreitung der Grenze zwischen zwei Menschen – in der Berührung, im Gespräch, im gemeinsamen Erleben.

Wenn jemand einen geliebten Menschen durch den Tod verloren hat, hilft ihm ein Ritual, um diesen Verlust zu bewältigen; man verabschiedet den Verstorbenen mit einem Ritual. Durch symbolische Handlungen in der Friedhofskapelle und am Grab wird der Verstorbene ins Jenseits entlassen – und gleichzeitig machen die Hinterbliebenen bei diesem Totenritual ganz persönliche Erfahrungen über das eigene Leben und den Tod. Im Ritual erleben die Menschen die Unsterblichkeit ihrer Seele, die Angst vor dem eigenen Tod schwindet. Es ist schlimm, dass es nicht nur in den Großstädten immer häufiger den anonymen Tod und die anonyme Beerdigung gibt. Da wird der Leichnam – ein wahrhaft entmenschlichter Vorgang – tatsächlich zu einem Objekt der „Entsorgung". Dagegen schafft das Totenritual eine Verbindung zwischen dem Verstorbenen und den Lebenden, aber auch zwischen unserer Welt und dem Jenseits.

Das Ritual ist eine Brücke zwischen verschiedenen Erfahrungsebenen: Rituelle Handlungen am Grab öffnen das Tor zur Welt des Geistes ebenso wie zur Welt des Gefühls. Das gilt für alle Beteiligten. Ein Ritual, das Menschen gemeinsam vollziehen, stärkt ebenso die Beziehungen untereinander.

In Ritualen, ob im Tanz oder in einer kultischen Zeremonie, ob als Bewegungen des Körpers oder der Hände, macht der Mensch eine mehrdimensionale Erfahrung – und in der Gemeinsamkeit mit anderen ist diese Wirkung noch intensiver. Wichtig ist allerdings, dass alle Beteiligten wissen oder wenigstens ahnen, was die einzelnen Handlungen bedeuten. Beim Freitagsgebet der Muslime entsteht durch das Hinknien, Verneigen, Erheben und Rezitieren der gleiche Rhythmus und die gleiche Dynamik, die wir Christen von den Lichterprozessionen in Fatima oder Lourdes kennen: Menschen versuchen, durch gemeinsame innere und äußere Bewegungen ein sehr persönliches Erlebnis mit den anderen zu teilen und verbinden sich dadurch mit einer transzendenten Wirklichkeit.

Wer ein Ritual wirklich vollzieht, verharrt nicht länger im Stillstand, sondern kommt wieder in Bewegung. Er erfährt sich, auch im Leid, als einen lebendigen Menschen. Nach dem Trauerfall befreit ihn das Ritual aus seiner lähmenden Enttäuschung über den Verlust, und er findet zur eigenen Lebendigkeit zurück, wenn er weint oder wieder lachen kann. Beim Ritual überschreitet man immer Grenzen – zu neuen Erfahrungen mit sich selbst, aber auch mit anderen Menschen. Wer im Ritual Bindungslosigkeit und Erstarrung überwindet, öffnet sich wieder dem Leben.

An Schwellensituationen des Lebens
Rituale prägen das Leben auch an den wichtigen Schwellensituationen zwischen Geburt und Tod.

Der eigentlichen Geburt, also dem Verlassen des Mutterleibes und der Ablösung von der Nabelschnur, wird selten ein eigenes Ritual gewidmet. Erst später wird der Eintritt ins Leben durch Rituale begangen – bei den Christen zum Beispiel durch die Taufe. In der Taufe wird die Geburt nachvollzogen: Ursprünglich wurde der Täufling ganz ins Wasser getaucht, das Symbol des Lebens im Mutterleib, und mit dem Herausholen aus dem Wasser erfährt der Mensch seine Neugeburt. Das Ritual vermittelt dem Täufling und allen Beteiligten, dass zum einen seine Ankunft in der Welt willkommen ist, dass er geliebt und angenommen wird – im gleichen Maß aber wird ihm die Zusage der Liebe Gottes gemacht. Diese Zusage geht im Christentum zurück auf die Taufe Jesu. Als Johannes der Täufer Jesus im Jordan taufte, öffnete sich der Himmel, eine Taube schwebte über den beiden und sie hörten eine Stimme: „Du bist mein geliebter Sohn, an dir habe ich mein Wohlgefallen." Genau dieses Geschenk wird dem Kind gegeben, wenn heute das Ritual der Taufe vollzogen wird. Und weil so etwas nicht allein mit dem Kopf verstanden werden kann, wird es dem Täufling – und allen Beteiligten – durch Symbole erfahrbar gemacht. Der Täufling wird – als Zeichen von Liebkosung und Heilung – mit Öl gesalbt, eine Kerze wird angezündet und ihm geschenkt, die ihm das neue Licht gibt und deren Feuer ihn wärmen soll. Ein neues weißes Kleid wird ihm gegeben als Zeichen, dass er neues Leben empfangen hat. Im alten Taufritual bekam das Kind noch ein Körnchen Salz auf die Zunge – ein Symbol für Weisheit und Unvergänglichkeit. Und es werden ihm Augen, Ohren und der Mund, also seine Sinne, rituell geöffnet, um den neuen Menschen ins Leben hineinzuführen.

Wenn das Kind herangewachsen ist und vom Leben schon etwas versteht, wird es – das ist in fast allen Religionen gleich – erstmals zu einem gemeinsamen großen Festmahl mitgenommen. In der christlichen Kultur ist es die Eucharistie, das Abendmahl. Das Kind erfährt im Ritual, dass Teilen für das Leben wichtig ist, weil es nicht verringert, sondern vermehrt – Essen und Trinken ebenso wie Liebe, Freude und Glück. Christen glauben, dass in diesem Mahl Gott selbst gegenwärtig ist in Jesus Christus. Er hat dieses Mahl geheiligt durch sein Leben, durch seine Hingabe, durch seinen Tod und seine Auferstehung.

Ein anderes Ritual ist die Eheschließung, wenn sich zwei Menschen feierlich vor Gott miteinander verbinden. Das Sakrament der Krankensalbung ist Zeichen für den unverbrüchlichen Heilswillen Gottes – und das Totenritual begleitet den Menschen, wenn der Leib sich von der Seele trennt und zur Erde zurückkehrt.

Rituale an den Schwellensituationen des Lebens wünschen sich nicht nur religiöse Menschen, sondern erstaunlicherweise auch jene, die mit Religion nicht viel zu tun haben. Auch Atheisten gehen dann in die Kirche oder zu Leuten, die mit ihnen Rituale vollziehen – für einen wichtigen Schritt im Leben oder um eine persönliche Situation zu bewältigen. In den früheren kommunistischen Ländern wurde zum Beispiel die Jugendweihe erfunden, um die Kinder ins Erwachsenwerden zu begleiten (und um sie an den Staat zu binden).

In der christlichen Tradition sind die Sakramente die zentralen Rituale. Aber es gibt auch viele andere: die Weihe von

Häusern und Gegenständen, Wallfahrten, das Kreuzzeichen. Aber gerade die Kirchen haben erfahren, dass Rituale auch ausgehöhlt werden können, wenn keiner mehr ihre Bedeutung versteht und sie nur noch äußerliche Handlungen sind. Ein Mensch, der jeden Sonntag zum Gottesdienst gezwungen wird, kann mit Ritualen wenig anfangen, weil er keine innere Beziehung dazu hat. Ähnlich ist es bei der Taufe: Eltern, die keine wirkliche Beziehung zu den Ritualen der Taufe haben, ihr Kind aber trotzdem taufen lassen, weil es halt alle machen, werden von diesem Ritual weder angesprochen noch berührt. Die Tauffeier ist dann ein großes Gelage oder ein Anlass, dem Kind ein Sparbuch zu eröffnen.

So wird ein Ritual missbraucht: die Taufe als Anlass für etwas ganz anderes ohne jeden inneren Bezug zu ihrem eigentlichen Sinn. Statt dass ein Ritual alle Beteiligten zu einem gemeinsamen inneren Erlebnis verbindet, wird es zur Enttäuschung. Mehr oder weniger offen wird diese Enttäuschung der Kirche angekreidet, deren Rituale kraft- und leblos geworden zu sein scheinen. Es liegt in der Verantwortung der Kirchen, diese Rituale den Menschen wieder näher zu bringen, sie verständlich und erlebbar zu machen. Dadurch würde den Menschen eine wichtige Lebenserfahrung gegeben werden.

Es wäre daher gefährlich, wenn sich die Kirchen überwiegend auf das sozial-karitative Engagement konzentrieren würden – so wichtig und segensreich das auch ist. Aber wenn Kirche und Religion sich darauf beschränken, vergessen sie ihre Sendung, Menschen durch heilende und heilige Rituale zu begleiten und ihnen Brücken zum Leben zu bauen. Zu den wesentlichen Aufgaben der Kirche gehört es, Heilsgeheimnisse erfahrbar zu machen.

Welche Kraft in den Ritualen, zum Beispiel in Gottesdiensten, liegt, zeigt das Überleben der orthodoxen Kirchen im Kommunismus. Die Gläubigen hatten nichts außer ihrer Kirche und der Liturgie – der Glaube lebte in den Ritualen.

Tödlich werden die Rituale, wenn sie niemand mehr nachvollziehen kann. Das ist heute der Vorwurf vieler suchender Menschen, die sehnsüchtig auf Antworten auf ihre drängenden Fragen warten – und sie von den Kirchen nicht bekommen. Aber gerade Rituale können Menschen aus ihrer Beziehungslosigkeit – zu sich, zu anderen, zur Schöpfung und zum Schöpfer – herausholen. Denn sie schaffen Vertrauen und Stabilität in einem immer schneller werdenden Leben, in dem Bindungen aufgelöst werden und Ängste wachsen.

Es gibt neben den großen Kirchen immer mehr kleine (auch christliche) Gruppen, die die Kraft der Rituale nutzen, um Menschen zu helfen und ihnen neue Lebenszuversicht zu geben. Der starke Zulauf beweist, wie sehr sich die Menschen danach sehnen und danach suchen. Auch wenn es sich nicht selten um magische Praktiken handelt, die manchmal in menschenunwürdige Abhängigkeiten umschlagen: Rituale sprechen an – das wissen studentische Burschenschaften ebenso wie die Freimaurer, die charismatischen Kirchen und die Armee, die Rekruten vereidigt. Das weiß auch der Sport mit Siegerehrungen und Nationalhymnen oder der Arzt, der seinen Patienten im weißen Kittel empfängt.

Verlusterfahrungen

Wenn ein Mensch einen Verlust erleidet, braucht er Beistand, weil er den Schmerz oft kaum allein aushalten kann. Das ist vor allem dann so, wenn jemand einen nahen Menschen verloren hat – durch Tod, aber auch dann, wenn sich der Ehepartner oder ein Freund abwendet. Mutter und Vater empfinden oft Verlustschmerzen, wenn die Kinder das Elternhaus verlassen und ihren eigenen Weg gehen. Häufig erscheint dann das eigene Leben sinnlos und leer. Oder jemand wechselt nach einem langen Berufsleben in den Ruhestand, vermisst die Arbeit, wird depressiv und trübsinnig. Auch wenn jemandem ein Organ amputiert wird, erlebt er oder sie dies als Verlust – von solchen Verlusten ganz zu schweigen, die eintreten, wenn jemand sein Vermögen an der Börse verliert oder mit dem Geschäft in Konkurs geht.

Bei einem schweren Verlust verzweifeln viele am Leben. Deshalb ist es wichtig, sich das tiefer liegende Problem bewusst zu machen und sich zu fragen, warum dieser Verlust so hart trifft. Im Hintergrund steht ja meist der Wunsch, alles rückgängig zu machen – und weiterzuleben wie vorher. Aber das ist nicht möglich. Also braucht der Mensch eine innere und äußere Haltung, die ihn befähigt, mit dem Verlust umzugehen.

Was hat er wirklich verloren? – Oft steht hinter dem vordergründigen Verlust etwas ganz anderes: das Gefühl, dass man einen Teil des Lebens verloren hat – etwas, das fester Bestandteil des Daseins war. Der Mensch hatte die Überzeugung, dass sein Leben nur dann vollständig war, wenn er alle Dinge, die ihm für sein Leben wichtig erschienen, auch wirklich besaß – und jetzt hat er einen wichtigen Teil verloren. Bei der erfolglosen Suche nach dem Verlorenen macht der Mensch dann die Erfahrung, dass er sich selber verloren hat. Wenn sich eine Mutter in der Erziehung ihrer Kinder total verausgabt, dann hat sie sich selber verloren – schon lange bevor die Kinder aus dem Haus gehen.

Dieses Sich-Verlieren geschieht öfter, als viele glauben – in der Familie, im Beruf, bei einem Engagement in der Politik, in Vereinen. Die Erkenntnis, sich schon lange selber aufgegeben zu haben, ist eine sehr schmerzliche Erfahrung. Der Wunsch, das Verlorene wieder zurückzuholen, ändert daran nichts, solange sich der Grundzustand nicht ändert – eher droht die Gefahr, dass sich ein solcher Verlust bald wiederholt.

Deshalb ist es sinnvoller, ganz bewusst in die Verlusterfahrung hineinzugehen. Setz dich einfach hin und lass dich von dem Verlust übermannen – weise ihn nicht ab. Und nach der Klage über den Verlust (die auch wichtig ist): Nimm ihn an! Du kannst den Verlust in deinem Körper und in deiner Seele spüren. Nach einer gewissen Zeit wirst du feststellen, dass deine innere Lähmung allmählich verschwindet und übergeht in eine neue Bewegung. Sie zeigt dir an, wohin du jetzt gehen musst.

Der Mensch neigt dazu, die Verantwortung für den Verlust auf die zu projizieren, die ihn ausgelöst haben: auf die Kinder, die weggegangen sind, auf die Börse, die sein Geld vernichtet hat, auf Geschäftemacher, die ihn ins Unglück ge-trieben haben. Solche Schuldzuweisungen helfen nicht wirklich – es kommt darauf an, mit sich selbst ins Reine zu kommen. Das bedeutet, dass man auf seinen eigenen Kern zurückgeht und bewusst empfindet, was der Verlust bedeutet. Es ist sozusagen eine Extremsituation, in die man sich hineinbegeben und die man einfach (aber wie schwer ist dieses Einfache!) zulassen muss. Was dabei geschieht, ist mit Worten schwer zu beschreiben – und es ist nicht vorhersehbar, was am Ende herauskommt. Es macht dagegen wenig Sinn, angestrengt nachzudenken, zu grübeln und die Frage nach der Schuld intellektuell zu analysieren. Setz dich einfach hin – und spüre deinen Verlust.

Eine Frau, die mit Aktien viel Geld verloren hatte, machte der Bank und einem Bekannten, der ihr ebenfalls zu dem Geschäft geraten hatte, heftige Vorwürfe. Aber ihre Wut auf die falschen Ratgeber und auf sich selber (weil sie darauf hereingefallen war) trieb sie in noch tiefere Verzweiflung. Schließlich suchte sie einen Psychotherapeuten auf. „Legen Sie sich auf den Boden und spüren sie in sich selber, was sie wirklich verloren haben", forderte er die Frau auf. Nach einer Weile antwortete sie: „Ich habe das Vertrauen in mich selbst verloren. Und ich weiß jetzt, dass ich mich künftig nicht mehr auf irgendwelche Spekulanten verlassen darf – vor allem aber muss ich meine Geldgier verlieren." Dieser Frau war es im Ansatz gelungen, den wahren Beweggründen ihres Verlustschmerzes auf die Spur zu kommen – sie waren andere, als sie vordergründig vermutet hatte.

Als Konsequenz könnte die Frau jetzt beschließen, dass sie nie mehr an der Börse spekuliert – das wäre die rationale Lösung, um den Verlust zu bewältigen. Aber die eigentliche Lösung ist eine innere Veränderung, durch die sie sich von ihrer Sucht, der Geldgier, trennt.

Die Auseinandersetzung mit dem Verlust kann kreative Ideen hervorbringen. Dabei können Rituale helfen – sich beispielsweise hinzusetzen oder auf den Boden zu legen und den Verlust auf sich einwirken zu lassen. Manche wählen als Ritual ein Gebet, das sie bei einem Verlust sprechen, andere laufen eine Stunde lang durch den Wald oder gehen spazieren – jeder muss selber prüfen, was ihm am besten hilft. Natürlich kann man sich beim Ritual auch von jemandem anleiten lassen. Es gibt viele Rituale, die in den verschiedenen Therapiemethoden angewendet werden, um Menschen in ihrem Verlustschmerz zu helfen.

Meist fühlt sich ein Mensch, der dem Verlust auf den Grund gegangen ist, nachher regelrecht befreit. Er löst sich von Ängsten und Anhaftungen, die ihn bedrückt haben. Selbst wer einen geliebten Menschen verliert, kann das erleben. Natürlich befällt ihn erst einmal Trauer, doch nach dem ersten Schmerz wird er erkennen, dass er jetzt auf dich selber zurückgehen und sich seiner selbst bewusst werden muss. Er kann seine eigene Kraft spüren, die er vorher nicht wahrgenommen hatte, weil er glaubte, ohne eine bestimmte Person oder Sache nicht leben zu können. Für das eigene Leben Verantwortung zu übernehmen, ist eine befreiende Erfahrung, die durch ein einfaches Ritual vermittelt werden kann.

Solche Rituale führen zuerst einmal zu sich selbst, aber das reicht nicht aus. Man muss sich selber wieder neu in Beziehungen erleben. Die sicherste Beziehung, die wir Menschen haben, ist die Gottesbeziehung. Sie gibt Vertrauen und Kraft, weil sie nicht von materiellen und äußeren Dingen abhängig ist. Gott ist treu. Er ist immer gegenwärtig. Es ist gut, diese Gottesbeziehung im Alltag zu pflegen und zu üben, damit sie auch in Krisensituationen helfen kann, einen neuen Sinn zu finden.

Rituale für Leben und Tod

Rituale hatten immer das Ziel, dem Leben und Tod des Menschen einen Sinn zu geben. Der physische Prozess, dass ein Mensch auf die Welt kommt, arbeitet, sich ernährt und am Ende stirbt, ergibt ja keinen Sinn. Immer haben sich Menschen mit der Frage nach dem Sinn des Lebens, nach dem Woher und Wohin beschäftigt. Man kann das auch nur mit dem Verstand tun – große Köpfe haben zu allen Zeiten darüber philosophiert. Aber die Menschen haben sich auch

Rituale geschaffen, die ihnen durch sehr persönliche Erfahrungen einen Lebenssinn zugänglich machten. Die Rituale sind Brücken, über die der Mensch in eine transzendente Wirklichkeit gehen kann. Er überschreitet seine eigene Begrenztheit und betritt neue Räume oder versucht wenigstens, sie zu erahnen. Jedes Ritual will in letzter Konsequenz auf grundlegende Fragen menschlichen Seins eine Antwort finden: Warum lebe ich? Warum sterbe ich? Wie bekommen mein Leben und mein Sterben einen Sinn? Die Antworten, die der Mensch im Ritual erfährt, helfen, das Leben und vor allem den Tod zu bewältigen.

Viele fragen sich: Hat Gott den Menschen erschaffen oder – umgekehrt – hat der Mensch aus Angst vor dem Tod Gott erschaffen, weil er ohne eine Jenseits-Vorstellung nicht leben kann?

Es ist nicht auszuschließen, dass die Menschen Gott erfunden und durch ihr Suchen gefunden haben. Denn in tiefen Grenzerfahrungen, beim Gebet, in der Meditation, in Visionen und Offenbarungen haben Menschen Gottes Existenz als „inneres Wissen" erfahren. Das nennen wir Glauben. Natürlich kann so ein Blick durchs Fenster in die Ewigkeit auch in einem Buch oder im Gespräch vermittelt werden. Aber besser als intellektuelle, theoretische Mitteilungen ist persönliche Erfahrung.

Im Ritual feiert der Mensch den Sinn des Lebens und des Todes als Fest. Er bringt sein Leben und sein Sterben in eine Beziehung zu sich selbst, zu anderen und zu Gott – darin liegt der Sinn seines Menschseins. Rituale helfen dem Menschen also, sich selbst zu verstehen.

In allen Kulturen hatten die Initiationsrituale den Sinn, Abschied zu nehmen von einem Seinszustand und in einen neuen hineinzugehen. Auf diesem Weg wird der, der diese Rituale vollzieht – ob bei der Geburt, beim Erwachsenwerden, beim Tod –, in demselben Ritual von anderen Menschen begleitet, die ihm bei diesem Übergang helfen. Jeder Mensch geht von Geburt an seinem Tod entgegen – die verschiedenen Rituale helfen ihm, sein Werden und Sterben durch grenzüberschreitende Erfahrungen der Transzendenz zu bewältigen. Die gleichen Erfahrungen können auch alle machen, die ihn bei den Ritualen begleiten – ihnen wird durch die Teilnahme am Ritual die Vergänglichkeit des Körpers und das Weiterleben der Seele nach dem Tod ebenso als „inneres Wissen" bewusst. Das Ritual hilft allen Beteiligten, zum Beispiel die Angst vor dem Sterben zu überwinden. Durch die gemeinsame Erfahrung entsteht ein Gefühl der Ruhe, der Freiheit, der Zuversicht und der Hoffnung – ein Zustand, der niemals bei jemandem eintreten kann, für den der Tod das endgültige Aus bedeutet.

So betrachtet, ist auch das tägliche Aufstehen und Niederlegen ein Symbol für Leben und Tod. Dieses immer wiederkehrende Ritual nimmt die Angst vorm Sterben, wenn man es jeden Tag bewusst wahrnimmt und einübt. Ein Ritual gibt Geborgenheit, wenn es in Fleisch und Blut übergegangen ist – man muss es also immer neu wiederholen.

Wenn Mönche ihren endgültigen Beitritt zum Orden vollziehen, dann geschieht dies mit dem Ritual der „Profess". Der Mönch legt sich zu Boden, die anderen Mönchen bedecken ihn mit dem Totentuch und singen Totengesänge. Dann hört der symbolisch Verstorbene vom Diakon: „Steh auf, der du schläfst – steh auf vom Tod, Christus wird dein Licht sein." Dieses tiefe, sehr persönliche Erlebnis nimmt dem Mönch wie auch seinen Brüdern, die diese Erfahrung immer wieder neu machen, die Angst vor dem Sterben – und gibt Mut zum Leben. So können Menschen in Schwellensituationen Erfahrungen der Transzendenz machen, die dem Leben im Hier und Jetzt einen Sinn geben.

Das innere Wissen und eine zunehmende Sicherheit, was Leben und Tod bedeuten, werden dem Menschen durch das Ritual geschenkt. Das schließt nicht aus, dass dieser Mensch, der sich durch Rituale stabilisiert, trotzdem noch in Krisensituationen hineingerät. Denn erst durch Krisen hat ein Mensch die Chance, sich weiterzuentwickeln.

Oft werden Rituale mit Magie verwechselt. Die Grenze ist auch tatsächlich schwer zu ziehen. Aber Magie bleibt immer auf einer äußeren Ebene stehen. Meist sind es pseudo-symbolische Handlungen, und der Magier sagt genau, was am Ende dieses mysteriösen Aktes entstehen wird. Zur Magie gehört ein Moment des Zwanges und der Manipulation – es fehlt eine echte, freie Gottesbeziehung. Das ist beim Ritual anders. Was letztlich herauskommt, welche Erfahrung der Mensch dabei macht, ist immer ein sehr persönlicher Wandlungsprozess, der bei jedem anders verläuft. Das Ergebnis ist immer ein Geschenk, kein Geschäft, kein Automatismus. Und das Ritual fordert eine Umkehr – zu sich selbst, zu anderen Menschen und zu Gott.

Die vielen Glücksbringer oder Amulette, die an Kettchen und Bändern verkauft werden und Gefahren abwenden sollen, sind typisch für magisches Denken. Diese Gegenstände sind materielle, äußerliche Objekte, die eben schnell über den Ladentisch gehen. Solange zwischen dem kultischen Gegenstand und seinem Träger keine innere Beziehung besteht, solange er also nicht begreift, was der Gegenstand für ihn bedeutet, ist die Wirkung nicht vorhanden. Das Amulett, das ein Medizinmann einem jungen Krieger bei einem Initiationsritual zum Schutz vor feindlichen Speeren um den Hals hängt, verleiht diesem Mann ein anderes Sicherheitsgefühl, als es das am Kiosk gekaufte silberne Hufeisen vermag. Der Krieger hat im Ritual eine Erfahrung gemacht, die ihm Kraft, Schutz und Sicherheit gibt. Sein persönlicher Zustand hat sich durch das Ritual verwandelt. Dagegen hat das Hufeisen am Kettchen keinen inneren Bezug zum Träger.

Andererseits haben die Benediktiner die Benediktus-Medaille, die sich äußerlich kaum von einem Amulett unterscheidet. Benediktinermönche weihen ihre Medaille und bekommen sie in einem kleinen Ritual überreicht – mit einem Segen und der Hoffnung, dass sie für ihren Träger Heil, Frieden und Schutz bringt. Der Mönch weiß, was die Medaille an seinem Hals bedeutet, die geprägte Schrift wurde ihm erklärt – er hat eine innere Beziehung zu seiner Medaille bekommen und vertraut dem Segen, der ihn in bedrohlichen Situationen schützt.

Rituale sind nicht an Religionen gebunden. Sie haben allerdings meist einen religiösen Bezug – egal, ob sie bei Indianern vollzogen werden, von mongolischen Schamanen oder von einem christlichen Priester.

Wo statt echter Rituale nur magische Handlungen durchgeführt werden, sollte man vorsichtig sein. In diesem Grenzbereich tummeln sich Scharlatane, die sich gerne selber aufblähen mit angeblichen Kräften, die Geschäfte machen wollen oder wirklich bösartig sind. Sie versprechen Dinge, die sie nicht erfüllen können. Trotzdem bringen auch sie mit ihren Pseudo-Ritualen Menschen in ihre Abhängigkeit.

Bei manchen jungen Menschen ist wohl der Drogenkonsum zu einem Ritual geworden, das ihr Erwachsenwerden kennzeichnet. Früher waren die Firmung oder die Konfirmation Rituale, die das Mädchen oder den Jungen in die Welt der Erwachsenen hineinführte. Solche Initiationsrituale gibt es bei fast allen Völkern. Dabei ist so mancher Drogensüchtige wahrscheinlich ein Gott-Sucher, der eine transzendentale Erfahrung machen will. Drogen sollen ihm dieses erweiterte Bewusstsein geben, wenn auch nur für ein paar Sekunden oder Minuten. Leider fällt er noch mehr und schneller zurück in seinen trostlosen Alltag. So jagt er seiner Sehnsucht, die zur Sucht geworden ist, ständig hinterher. Drogen wie „Ecstasy" beschreiben schon im Wortsinn, was junge Menschen dabei suchen: in Ekstase geraten, außer sich sein, Entrückung, Verzückung – Zustände also, wie sie besser in heiligen Ritualen zu finden wären.

Bei Massenveranstaltungen im Sport identifizieren sich die Fans mit ihren Idolen, kleiden sich in den Vereinsfarben, singen im Fußballstadion Schlachtengesänge, recken in gleichen Bewegungen die Fäuste zum Himmel – Handlungen, die sie für ein paar Stunden aus ihrem sonst monotonen Leben herausholen und in Entzückung versetzen. Doch durch die Illusion einer Pseudo-Transzendenz finden sie keine Erfahrung echten Lebens. Wenn „la ola", die Welle, durch die Stadien rollt, wird unter den hunderttausend Fans eine Dynamik frei, die in gewisser Weise der Sehnsucht religiöser Menschen ähnlich ist, die in Mekka die Kaaba umkreisen oder sich auf dem Petersplatz in Rom versammeln.

Touristikunternehmen setzen auf Urlaubserlebnisse, mit denen die Grenzen der Normalität überschritten werden: Bungee-Jumping von der Brücke, Rafting auf reißenden Flüssen und Überlebenstraining im Dschungel sollen das Tor in eine neue Erlebniswelt aufstoßen. Piercing und Tätowieren geben vielen jungen Leuten das Gefühl, ein „neuer" Mensch zu werden – hinter all diesen Ersatzritualen steckt die Sehnsucht nach Transzendenzerfahrungen, also danach, etwas zu erleben, was alleine und ohne Rituale nicht möglich ist.

Diese echte Sehnsucht nutzen auch Scharlatane und politische Wirrköpfe aus, um mit Ritualen junge Menschen an sich zu binden und für ihre Ideen zu missbrauchen – Rechtsradikale, Skinheads, satanische Zirkel und Geheimbünde werden, so verschieden die ideologischen Inhalte sonst auch sein mögen, zusammengehalten durch Rituale.

Selbst das Fernsehen kann zu einem solchen Pseudo-Ritual werden. Gleiche, immer wiederkehrende Abläufe werden vielleicht auch von mehreren geteilt – und trotzdem vermitteln sie oft keine wirkliche Beziehung. Echte Beziehung zu stiften gehört aber gerade zu den wesentlichen Leistungen von Ritualen.

Wer sich bei Ritualen begleiten lässt – und das ist sinnvoll und dringend anzuraten –, muss prüfen, wem er sich anvertraut. Selbstlose Gottsucher sind als Begleiter gut geeignet, aber auch andere spirituelle Menschen können in solche rituellen Begegnungen hineinführen. Man erkennt sie an ihrer Ernsthaftigkeit, ihrem eigenen Vorbild. Sie binden den Suchenden nicht an sich selbst, sondern nehmen ihn an der Hand und führen ihn zum Leben hin, das heißt zur Offenheit und in die Gemeinsamkeit mit anderen. „An ihren Früchten werdet ihr sie erkennen" – gilt auch für Menschen, die sich als Begleiter im Ritual anbieten. Wenn du spürst, dass es dir gut tut, dass du wie an einem Silberfaden zum Leben geleitet wirst – dann ist es gut. Wenn du aber kein gutes Gefühl beim Ritual und danach hast, dann beende es. Setze nichts fort, was dir nicht Freude, gute Gedanken und Leben bringt, sondern Schaden. Meist sind die fördernden Rituale einfach und leicht zu verstehen. Komplizierte Zeremonien und künstlich ausgedachte Handlungen sind oft ein Zeichen dafür, dass dahinter keine Klarheit ist, sondern Verwirrung.

Allerdings können manchmal auch fördernde Rituale anfänglich beunruhigen. Aber wer aufmerksam in sich hineinhört, wird spüren, ob es ihm trotzdem gut tut. Er wird bald ausgeglichener werden, zufriedener, hoffnungsvoller – typische Zustände für die zunehmende Stabilisierung des Menschen, wenn er sein Leben ritualisiert. Bei Pseudo-Ritualen verläuft der Prozess anders, nämlich weg vom Leben. Die Rituale führen den Menschen aus dem Leben heraus, er verliert immer mehr Beziehungen – zu sich, zu anderen, zur Schöpfung. Solche Aussteiger-Modelle sind in Gruppen zu finden, die ihre Anhänger gezielt aus allen früheren Bindungen herauslösen und an sich selber fesseln wollen. Statt in einem ganzheitlichen Leben mit vielen Beziehungen landet dieser Mensch in der Isolation, aus der er sich mit eigener Kraft kaum wieder befreien kann.

Falsche Propheten haben immer dann Konjunktur, wenn Krisenzeiten herrschen. Das ist auch in der Gegenwart der Fall, in der die modernen Gesellschaften einen Wandel durchmachen. Der Übergang vom Industriezeitalter ins Informationszeitalter löst unser Wertesystem auf und macht viele Menschen ratlos. Gute Rituale sind gerade in solchen Zeiten wichtig, weil sie den Menschen Stabilität geben und ihnen die Angst vor einer ungewissen Zukunft nehmen. Das tun sie dadurch, dass sie Beziehung schaffen – zu sich selbst, zu anderen Menschen, zu Gott.